必ず成功する外国人雇用

これ1冊でまるわかり!

行政書士
濵川恭一
Hamakawa Kyoichi

はじめに

　ここ数年で、外国人を採用する会社が急増しています。新卒採用も含め、既に外国人の積極的な採用を開始している会社もありますが、これから初めて外国人を雇う予定の会社や、外国人の採用について考え始めたばかりの会社も多いのではないかと思います。その場合「外国人を雇うために何をすればいいのか」「外国人と日本人の採用では一体何が違うのか」といった疑問が生まれるでしょう。

　外国人の雇用にあたって、こうした基本的な知識や事務的な手続きなどについて知ることはもちろん大切です。ですが、本書ではもう一歩踏み込んで、**本当に優秀な人材を確保し、外国人の採用を確実に会社の発展につなげるためのノウハウ**についてお話ししたいと思っています。

　私は、2009年に東京ワールド行政書士事務所を設立して以来、外国人の採用や就労ビザ取得のサポートを行ってきました。また、現在の事務所を設立する前は、外国人専門の人材ビジネス会社を立ち上げ、外国人の採用コンサルティングを行っていました。今でこそ、外国人に特化した人材紹介会社も増えてきましたが、私が会社を立ち上げた２００７年当初は、同業他社はほとんどありませんでした。そんな中、外国人の求人、面接代行、住居の確保から社員教育まで、ワンストップのサポートを行ってきました。

こうした経験を通して感じるのは、外国人を雇うことは「日本人の労働力の補填《ほてん》」だけにとどまらない効果があるということです。私は、外国人社員の活躍によって事業拡大に成功した会社や、外国人社員が日本人社員に良い影響を与えて会社に活気が出た例などを、いくつも見てきました。本当に優秀な外国人を雇い、成長させることは、会社の大きな「発展」につながるのです。

とはいえ、外国人の雇用を考えたとき、現実に立ちはだかるのが「就労ビザ（就労可能な在留資格）」という壁です。就労ビザの取得は、専門的かつ煩雑な手続きが求められるゆえに、初めて外国人を採用する際には、就労ビザ取得のことで頭がいっぱいになるかもしれません。しかし、この手続きに翻弄され、採用の本来の目的が果たせなくなってしまっては本末転倒です。**「優れた人材を雇い、彼らに活躍してもらうことで、会社を発展さ**

せていく」ことこそ採用の目的であり、これは外国人でも日本人でも同じではないでしょうか。

就労ビザ取得について、慣れない手続きに時間と労力を割くくらいであれば、就労ビザを専門としたプロの事務所に依頼してしまうのが手っ取り早いでしょう。本書では、そうした事務所の選び方もお伝えしています。また、近年の外国人労働者の増加に伴い、今では就労ビザ申請について詳細に書かれた良書がたくさんあります。ですから、就労ビザの申請方法だけを知りたければ、こうした書籍が役に立つでしょう。

しかし、優秀な外国人からの応募がくるかどうか、書類選考や面接でほしい人材を見抜けるかどうかは、採用する側の知識や経験によります。また、採用後に本人がうまく職場になじみ、存分に能力を発揮できるかどうかは、採用後の育成力にかかっています。こればかりは、他の誰かが代わりに行うことはできません。

先ほど私の経歴をお話ししましたが、私は外国人採用のコンサルティングをしていた経験から、外国人を雇う会社側の不安や悩みなどもたくさん伺ってきました。失敗事例も実際にたくさん見ています。その上で、「どうすれば会社の戦力となる人材を採用することができるのか」「どうすれば外国人社員の実力をより伸ばすことができるのか」についてさまざまなアドバイスをしてきました。

本書では、こうした私の経験を具体的なエピソードや事例をふんだんに盛り込んでお伝えしていきます。どんな人でも外国人の採用・育成についてリアルにイメージすることができる、わかりやすい一冊になっています。

また本書は、採用だけに特化せず、その後の育成についても取り上げていますから、既に社内に外国人社員がいて、一緒に仕事をしている同僚や上司の方々にも読んでいただきたいと思っています。一緒に働く外国人社員は、どんなことに悩んでいるのか、どうすれば働きやすい環境を作れるのかなどを知ることは、仕事上のコミュニケーションをよりスムーズにしてくれるはずです。

本書を活用していただくことで、雇用する会社側も、雇用された外国人側も、より幸せになれるようにと願っています。

２０１８年11月　濵川 恭一

目次

2 優秀な外国人を見つけるための戦略的採用

3

優秀な人材に出会うための外国人求人方法

4 優秀な外国人を見抜くための書類選考

5
優秀な外国人にYESと言ってもらうための面接

6

外国人社員を戦力化する育成法

7 外国人社員を雇う上で準備すべきこと

コラム

第1章

なぜいま外国人雇用に乗り出すべきなのか

ほしい人材は世界に出て探しに行く時代になった

▼世界にはこんなに優秀な人材がいる！人手不足を補うだけじゃない外国人雇用

最近、フリーマーケットアプリのメルカリが、積極的に外国人採用に乗り出したことをご存知でしょうか。メルカリは、２０１８年6月19日に東証マザーズ市場に株式を上場したことでも話題になり、著しく成長している会社として注目を集めています。そして、同年10月1日には新卒で50人のエンジニアを採用しましたが、そのうち44人は外国籍だったそうです。うち32人がインド出身で、そのほとんどが、インド最高峰の名門大学であるインド工科大学（ＩＩＴ）の卒業生。インド工科大学は、イギリスの大学評価機関「クアクアレリ・シモンズ（Quacquarelli Symonds：QS）」が毎年公表している世界の大学ランキングでも、２００位以内にランクインしている、世界的にも有名な大学です。

現在百数十人いるメルカリのエンジニアは、今までは日本人が中心でしたが、山田進太郎会長兼ＣＥＯは入社イベントで**「日本語が話せなくても、英語が話せればどんどん雇っていく」**と、世界で成功するグローバル企業を目指すビジョンを語ったそうです。

外国人雇用に対して、人手不足を補うための対応というイメージを持っている人も多いかと思います。確かに日本企業では人手不足が深刻な問題となっています。政府の統計によると、いわゆる労働力とみなされる生産年齢人口（15歳～64歳）は、１９９５年の８７１６万人から、２０１５年の７５９２万人へと、20年間で約

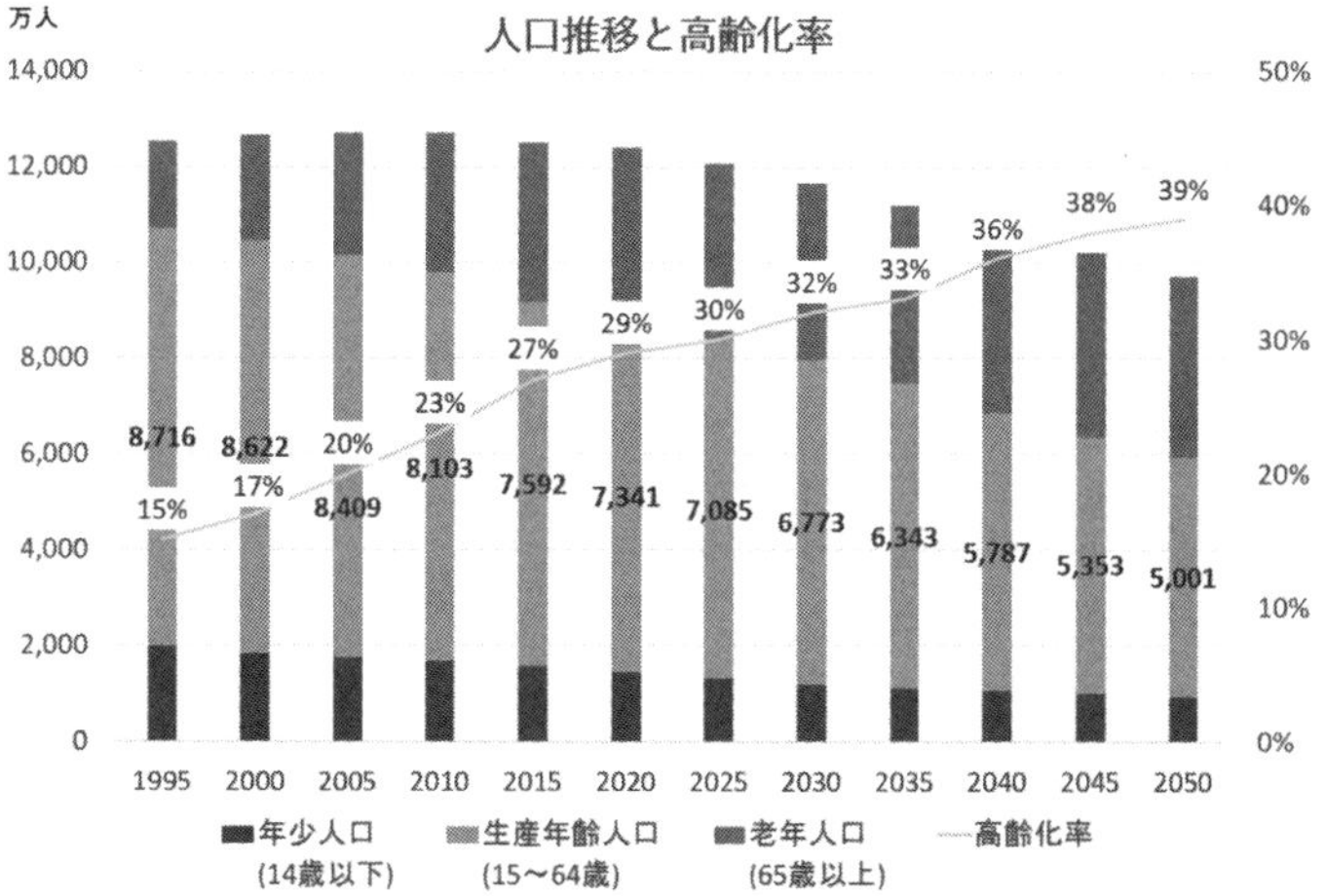

総務省「平成29年版　情報通信白書」をベースに筆者作成

13％減少しています。そして、２０５０年にはさらに34％減り、約５００１万人になる予想です。こうした現状を踏まえれば、日本人のみを対象に採用を行うことが非現実的だというこことがわかるでしょう。

先ほど、メルカリの採用の話でインド工科大学の名前をあげましたが、世界には数多くの有名な大学が存在し、優秀な人材があふれています。**世界に目を向け、世界規模での採用を行えば、今までは出会うことのなかったような多くの素晴らしい人材に出会える**かもしれません。企業のサービスも、製造、販売もどんどんグローバル化していく中で、採用・雇用において日本国内の人材にしか目を向けないのは、とてももったいないことではないでしょうか。言語の壁を理由に、その専門分野での優れた人材を手放してしまうのは非常に惜しいことだと思います。

ちなみに、メルカリはインドではサービスを展開しておらず、もともとインド国内での知名度はゼロだったそうです。そんな会社が、インドの有名大学の卒業生を採用することができたのは、メルカリが２０１７年10月にインドで、学生が参加できるハッカソン（技能やアイデアを競い合うイベント）を開催したことが大きいようです。このイベントにより、メルカリは学生の間で一気に人気の企業になり、採用につながったのです。

ただ、ほしい人材がやってくるのを待っているだけの会社と、このような積極的な採用をしている会社では、今後の成長に大きな差が生まれるでしょう。**今、日本には「ほしい人材は世界に出て探しに行く」という時代がやってきているのです。**グローバル時代を生き抜くためには、世界に目を向け、積極的な採用活動をしていく姿勢が必要なのではないでしょうか。

▼外国人が活躍できる仕事はこんなにある

実際、日本で外国人が活躍できる仕事はたくさんあります。その中で近年急激に増えているのが、先ほどのメルカリの例にもあったエンジニアの仕事です。ＩＴ技術者不足という背景もありますが、ビジネスの国際化により、国境を越えたＩＴシステムやサイトの構築の需要が増えていることも、その一因です。

また、**商社**や**メーカー**も、非常にグローバルな業界です。その中でも、**海外営業**は特に外国人に活躍してもらえる職種です。外国人を採用することにより、海外の取引先と現地の言葉で直接やり取りでき、日本人が営業活動を行うよりもスムーズに進むことが多くあります。そして、商談の際には**通訳・翻訳**といった職種も非常に重要です。契約に結びつく場合もあるため、高度な通訳・翻訳能力が求められます。翻訳される文書は、商品案内やマニュアル、調査報告書、決算書など多岐にわたります。

その他にも、**海外進出のコンサルティング会社**、**海外ニュースを扱う出版社**、**国際訴訟を扱う法律事務所**のような会社における仕事や、**市場調査・情報収集**、**バイヤー**、**貿易実務**、**国際会計**、**外国特許**、**技術職**などがあります。これらの仕事はかなり専門的で、かつ日本国内では得られない現地の情報を得る力や、現地の人々とのコミュニケーション力が求められる職種でもあります。

さまざまな種類の仕事をあげましたが、外国人が活躍できる仕事と言えば、やはり**インバウンド事業**が注目されています。外国人観光客の増加に伴い、外国語を話せるスタッフの需要が高まり、外国人従業員を採用するケースが増えています。

日本政府観光局（ＪＮＴＯ）の統計によると、年間の訪日外国人は、２００９年には約６７９万人でしたが、２０１７年には約２８７０万人と、８年間で４倍以上に増加しています。それに伴って、宿泊・飲食サービス業で働く外国人の割合は、その８年間で２・４倍に増えています。特に、観光地として人気の高い沖縄県では３・８倍、福岡県では３・２倍、北海道では２・９倍と、外国人スタッフの増加は、数字からも読み取れます。

また、宿泊・飲食サービス業はもちろんですが、旅行会社や家電量販店、不動産会社などでも、外国人客が増えてきています。今後も、インバウンド需要に応えるため、さまざまな国籍の外国人スタッフが増えていくでしょう。

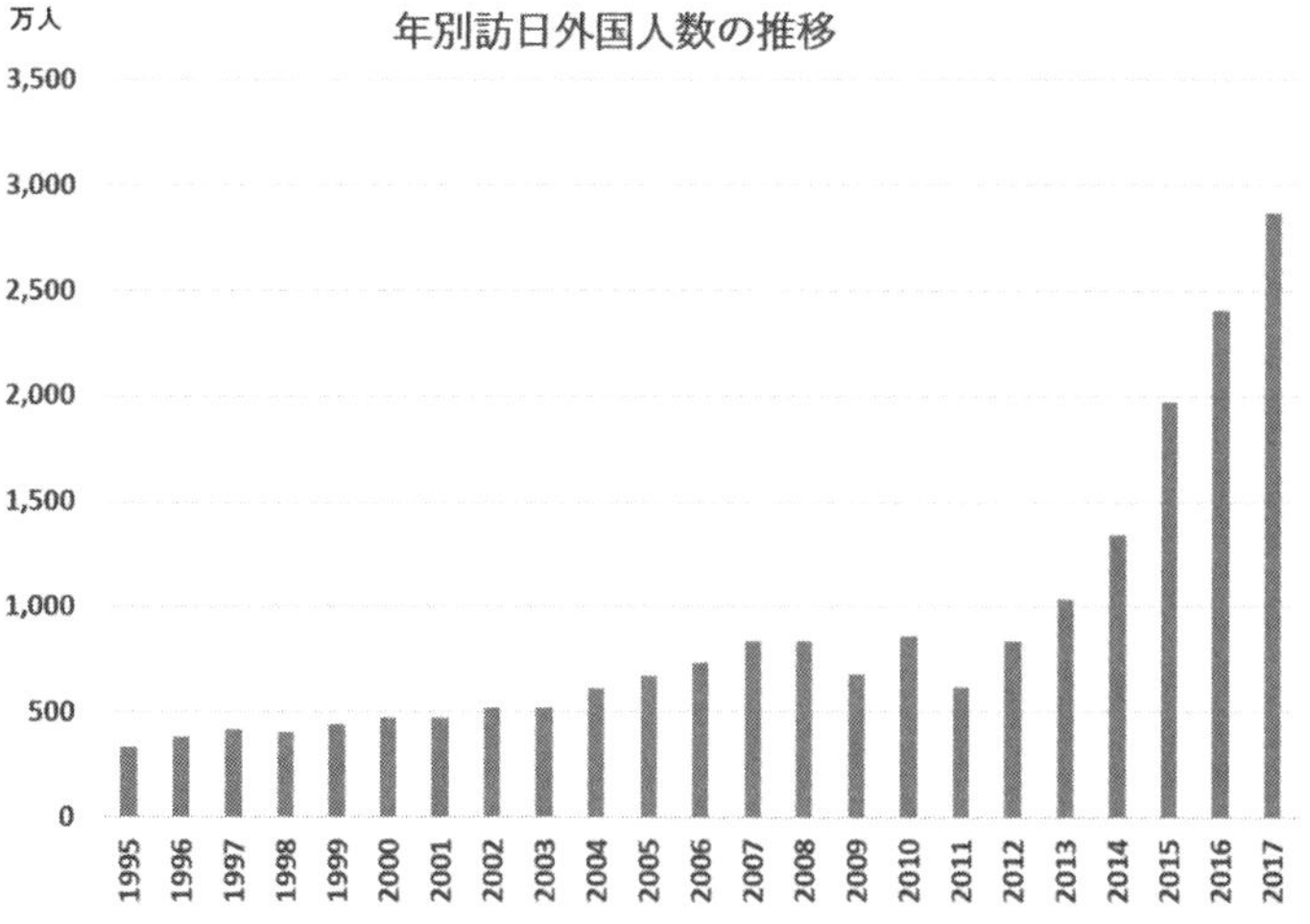

独立行政法人国際観光振興機構「訪日外客統計」をベースに筆者作成

日本は外国人にとって就労しやすい国

▼コンビニでよく見かけるようになった外国人店員

日常生活の中でも、日本で働く外国人の増加を実感することがあるのではないでしょうか。たとえば、コンビニでは最近かなり多くの外国人店員を見かけるようになりました。飲食店でも外国人スタッフに注文を聞かれることが増えたと思います。

とはいえ、「日本は移民の受け入れに積極的ではない」という話もよく耳にしますから、日本は外国人に対して閉鎖的だというイメージを持っている方も多いかと思います。しかし、国際的に見ると、**実は日本は外国人にとって就労が比較的容易な国の一つ**なのです。

次のグラフを見てみましょう。日本で働く外国人労働者の数はこのように年々増加しています。

このグラフの中でも、特に「専門的・技術的分野の在留資格」「技能実習」「資格外活動」の割合が増加していることがわかります。

「専門的・技術的分野の在留資格」に該当する人たちは、大学教授や医者のように、高度で専門的な職業であったり、語学学校の教師など外国人特有の能力を活かした職業、また、いわゆる**ホワイトカラーの事務職に就いている人たち**です。大学を卒業して日本の一般企業に就職する人たちの多くが、このホワイトカラーの仕事に従事します。**本書では、外国人を雇用するためのノウハウをお伝えしていきますが、主に、**

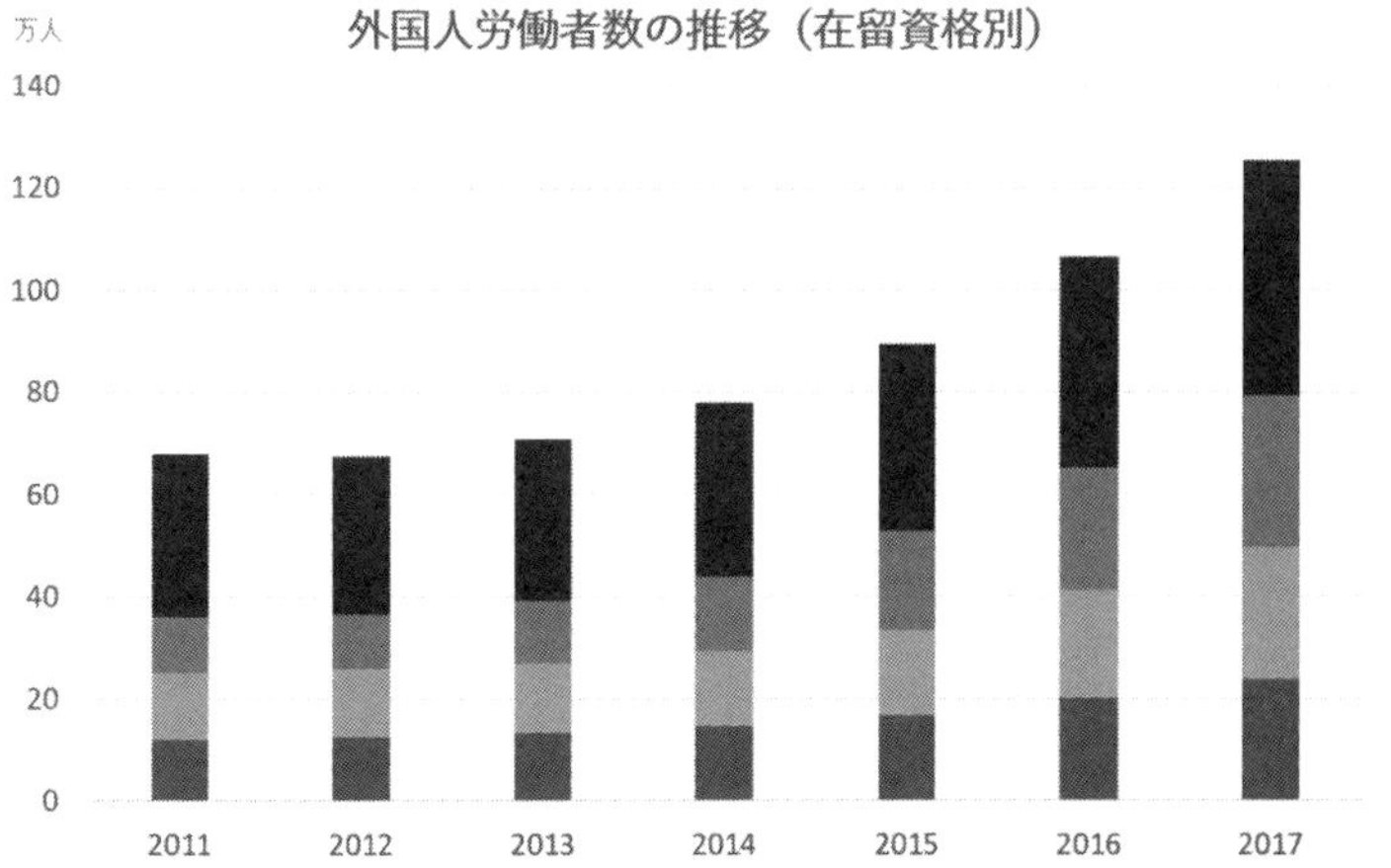

（下から順に）
■専門的・技術的分野の在留資格 ■技能実習 ■資格外活動 ■身分に基づく在留資格
独立行政法人国際観光振興機構「『外国人雇用状況』の届出状況まとめ」をベースに筆者作成

このホワイトカラーとして外国人を雇用する場合を想定して説明していきます。

次の**「技能実習」に該当するのは、農業・漁業や建設業、製造業などで現場作業を行っている人たちです。**近年、介護や自動車整備などの職種が追加となり、また、元技能実習生を呼び戻すことができる制度も整いつつあります。

「資格外活動」は主に留学生のアルバイトのことを指します。学業をメインの目的として日本にやってきた外国人留学生が日本でアルバイトをする場合には、**「資格外活動許可」というものを取得することで、週28時間までアルバイトをすることができる**のです。

ちなみに、「身分に基づく在留資格」とは、日系人、日本人を配偶者に持つ外国人、日本に永住する外国人などが該当します。

さて、さまざまな形で日本で働く外国人労働者について、簡単に説明しました。では、実際どのような点で、日本が外国人にとって就労しやすいのでしょうか。世界の他の国々と比較して見てみましょう。

たとえば、就労ビザの取得が最も難しい国の一つがアメリカです。特に、トランプ政権になってからは、アメリカ人の雇用を脅かさないよう、外国人就労については見直しがされてきました。ですから、大学院卒などの高学歴者や、高度な専門職に就いている人や技術者でないと、アメリカの就労ビザを取得するのは、かなり厳しいようです。

アメリカに比べると、日本での就労ビザの要件は緩いです。ある程度の学歴は必要ですが、大学・短大・専門学校などの卒業生で、それをきちんと証明できる資料があり、職務内容が就労ビザの対象で、ビザ申請に必要な書類をきちんとそろえることができれば、基本的には許可されると考えていいでしょう。職務内容は、**一人一台PCを使うようなホワイトカラーの仕事であれば、通常は問題ありません。**

また、アルバイトについても、日本は他の国に比べて非常にハードルが低いと言えます。アメリカでは、学業を目的とした学生ビザで入国した場合、大学キャンパス以外でのアルバイトは原則禁止されています。また、カナダでは、大学などの正規コースで学ぶ場合には週20時間までアルバイトをすることが認められていますが、語学学校で学ぶ学生はアルバイトができません。その他の国も原則禁止、または認められるとしても週20時間までの国がほとんどです。

しかし、先ほども触れましたが、日本では最大週28時間まで働くことができますし、アルバイトをする際に必要な「資格外活動許可」もほとんど不許可になることはありません。たいていは、簡単にアルバイトを始めることができます。

2018年11月現在、政府はさらなる外国人労働者の受け入れ拡大のために、法律改正案を国会で審議しています。**今後ますます日本では外国人の雇用が拡大していくこと**でしょう。

外国人雇用のメリットを知ろう

ここまでお話ししてきたとおり、今後日本ではますます外国人の雇用が増加していくと思われます。とはいえ、外国人雇用が会社にどんな利益をもたらしてくれるのか、明確にイメージしづらい部分もあると思います。そこで、外国人雇用のメリットを実際の事例を織り交ぜつつ紹介していきましょう。

▼外国人を雇うと会社にとってこんなにいいことがある

メリット1　優秀な人材を確保することで、生産性が高まる

外国人の人材市場は、優秀な人材の宝庫と呼ばれています。100名くらいの外国人を面接すると、「こんな優秀な外国人が日本にいるのか」と驚きます。もちろん日本人でも優秀な人材はいますが、日本人とは違った面で高い能力を持っている人材が多いのです。

たとえば、日本で働きたいと考えている外国人の中には、いずれ自分の国に帰ってから

起業しようと考えている人が多くいます。そういう人は、起業した経験がなくても、**経営者の視点で物事を考える**ことができます。

また、向上心のある人が多く、自分の現在の仕事に直接関係のないことでも、貪欲に学ぼうという姿勢が素晴らしいのです。もちろん日本人の中にも向上心のあるビジネスパーソンは大勢いますが、たとえば成績のよい優秀な営業マンであっても、自社の経理のことまで学ぼうとする人は少ないかもしれません。それに比べて、向上心のある外国人社員は、**自分の職種を超えて何でも吸収しようとするマインド**があります。

さらに、語学力に長けている人材が多いのも特徴です。中には7ヶ国語をビジネスレベルで話す人もいます。また、読解力、筆記力、会話力も非常に高く、たとえば決算書などについても、読み方を少し教えるだけですぐに理解してしまいます。

こうした能力の差は、それぞれの国の教育制度にも一因があると思われます。日本では、一部の私立学校を除き、平均レベルの生徒に合わせて授業が進むことがほとんどです。そして、受験を勝ち抜くための勉強が中心です。それはそれでメリットもあるのですが、欧米諸国などでは、勉強ができる子にはどんどん勉強させます。また、多様性の中で他者と意見を交換しながら、与えられた課題を解決していく過程が重視されます。そうした国には、**自主性や積極性を持ち、問題解決能力やコミュニケーション力に優れた人材**が育つ土壌があるのではないかと思います。

メリット2　外国人社員に刺激を受け、日本人社員のモチベーションが上がる

日本で働いている外国人の中には、意識が高く、向上心あふれる人材が多くいます。そんな外国人社員から日本人社員が刺激を受け、相乗効果で会社の発展につながった事例を2つ紹介したいと思います。

◉ある不動産会社の例

台湾人社員Aさんは入社8年目の部長です。社長、副社長に次ぐナンバー3の役職についており、日本人の部下が20人います。Aさんは、台湾の大学を優秀な成績で卒業し、人材紹介会社を介して新卒でこの会社に入りました。Aさんが入社した時の社員数は15名、それから5年で社員数80名になりました。会社が急成長できたのは、Aさんがいたからだと社長は言います。

Aさんはものすごい努力家でした。新卒で入社して、2年目には係長に昇格したのですが、その時、周りの日本人社員から冷たい対応を受けたそうです。部下に指示を出しても無視される、上司からも無視される。そういった状態がしばらく続きました。唯一の理解者は社長でした。しかし社長は手を差し伸べるわけではなく静観していたそうです。Aさん自身が乗り越えるべき壁だと判断したからです。

ある時、Aさんが使っていた国語辞典を部下の社員が見つけました。その国語辞典はぼろぼろでした。セロテープがいたるところに貼ってあり、元の文字が見えないくらいの書き込みもありました。Aさんが日本語を覚えるために、とてつもない努力をしたことがわかり、周りの日本人社員の意識も変わってきました。**自分たちも負けていられないと奮起した結果、会社全体の雰囲気がよくなり、社員の仕事に対する取り組み方が変わり、会社がどんどん成長していった**そうです。

◉あるシステム開発会社の例

スリランカ人のシステムエンジニアであるBさんは、入社3年目の社員です。日本の工業大学を卒業し、別のIT企業に数年勤務した後、この会社に中途採用で入社しました。

ＩＴ業界は転職が多い業界と言われています。実際、この会社でも、システムエンジニアの平均在職年数は5年でした。ところが、Ｂさんが入社してから、退職者が減ったそうです。社長に聞いたところ、Ｂさんがいることで、**他の社員が刺激を受け、この会社でもっと学びたい、もっと成長したいと感じるようになった**からだそうです。社長は次のようにおっしゃっていました。

「Ｂさんは、いつかは自分の国に帰って、自身で会社を立ち上げたいと考えています。だから、どんな仕事をするにしても、経営者の視点で考えます。そして、社長である私にいろんなことを聞いてきます。私はできるだけ他の社員がいる前で、彼の質問に答えるようにしています。それまでは私の理念や考え方を朝礼などで話しても、ほとんど誰も聞いていなかったと思います。ですが、Ｂさんへの回答という形で伝えることで、他の社員も真剣に耳を傾けるようになりました」

また、Ｂさんはスリランカ人ですので、英語は流暢《りゅうちょう》に話すのですが、日本語はあまり得意ではありません。Ｂさんがいることで、**社内で英語を使う機会が増え、エンジニアたちの英語力アップにつながったそうです。**英語を理解できるエンジニアが増えるということは、会社にとって大きな強みとなります。まさに、いろいろな意味で日本人社員にとっても良い効果を生み出しています。

また、このように社内で外国人が活躍し、英語を使う機会が増えることで、対外的には、グローバル企業というイメージを出せることもメリットです。このイメージは、日本人採用においても有利になりますね。

メリット3　人脈やネットワークが広がり、販路拡大になる

インバウンド事業を行う際には、特に外国人採用は有利に働きます。外国人の語学力はインバウンド事業に欠かせないものですし、外国人が持つ人脈やネットワークを活用することで、販路拡大につながることもあります。そこで、私の顧問先企業の事例を２つ紹介したいと思います。

◉ある化粧品の通販会社の例

この会社は、それまでは韓国コスメの輸入販売をしていました。しかし、中国人社員を採用したことを機に、商品と販路を拡大。中国で、資生堂やファンケルなどの日本の高級化粧品が人気であることに着目し、中国向けに日本化粧品の販売に乗り出しました。

マーケティングに起用したのが「ＷＥＩＢＯ」というサービスです。ＷＥＩＢＯとは、ＴｗｉｔｔｅｒやＦａｃｅｂｏｏｋの要素を併せ持った中国のミニブログサイトです。ＷＥＩＢＯを利用して、商品について写真と短い文章を使って宣伝し、毎日投稿を続けました。すると、**今まではゼロだった中国人からの売上が、年商1億円にまで達しました。**

◉ある焼き肉チェーン店の例

この焼き肉チェーン店にマーケティング担当として入社したシンガポール人社員が、英語での情報発信を始めました。新メニュー、キャンペーン、旬の食材、焼き方のコツ、生産地について、英語で毎日Ｆａｃｅｂｏｏｋに投稿したのです。それまで外国人のお客様はゼロだったにもかかわらず、このＦａｃｅｂｏｏｋの投稿により外国人からの問い合わせが増え、**今では外国人のお客様が一日一組は来店するようになりました。**

メリット4　相手の商習慣への理解が仕事をスムーズにする

当然のことかもしれませんが、海外取引をしている企業、あるいはこれから始める企業にとっては、絶対的なメリットがあります。語学力もそうですが、相手国の商習慣を理解している外国人が自社にいることで、取引がスムーズに進みます。取引相手の会社にも安心感を与えることができるでしょう。

以上、外国人を雇用することのメリットを4つ、あげました。外国人を雇用することは、単純に人材不足を解消するだけでなく、会社にとって大きなメリットがあることがおわかりいただけたのではないでしょうか。

ちなみに、「外国人は低賃金で雇うことができるのもメリットだ」と思っている方もいるかもしれません。しかし、**外国人社員を雇用した場合の給料については、法務省令で「日本人社員と同額以上」と定められています（一部例外規定あり）**。外国人だからといって不当に安い賃金で労働をさせることはできません。

▼初めての外国人雇用で失敗しないために

ここまでお話ししてきたとおり、外国人雇用にはたくさんのメリットがあるのですが、初めて外国人を雇用する場合、不安なことも多いと思います。きちんとした知識を持っておかないと、コストをかけたにもかかわらず失敗に終わってしまう可能性もあります。こんなはずではなかったと後悔しないためにも、あらかじめ起こり得ることは想定しておき、それに対処できるように工夫することも大切です。

たとえば、無事に採用できたとしても、日本人社員とうまくやっていけるのか、すぐに辞めてしまうのではないかといった懸念があると思います。これについては、面接で判断するしかないのですが、もし安全策をとりたい場合、**初めての外国人雇用では、海外からの採用ではなく、日本の学校を卒業した留学生を採用したほうが無難です。**

留学生の場合、日本語学校で1〜2年、その後に専門学校で2年としても、最低でも3年以上は日本で暮らしています。最低限の日本語と日本の習慣を理解していますので、日本人社員とのコミュニケーションの問題や、すぐに辞めるリスクは少ないでしょう。ちなみに、国際結婚においても、日本の学校を卒業した留学生と結婚したほうが、離婚率が圧倒的に低いというデータも出ています。

本書では、優秀な人材を見極めるための選考時のコツや方法を丁寧に紹介していきますので、初めての外国人雇用を成功させるために、ぜひ本書の内容を実践していただければと思います。

次に、雇用に関する手続きが大変なのではないか、という懸念があると思います。確かに、一人目の手続きはそれなりに大変です。慣れてしまえば自社でもできなくはないのですが、外国人の就労ビザ申請は、煩雑な手続きが多いだけでなく、法的な内容もかかわってきますから、可能な限り、就労ビザ専門の事務所に依頼することをおすすめします。日本全国には、著者の事務所を含め、外国人のビザを扱う事務所が100以上ありますし、本書では、優良なビザ専門事務所の見分け方も紹介していますので、参考にしてみてください。

外国人雇用を始める前に

▼不法就労の不安を払拭

外国人雇用のメリットについてお話ししてきましたが、実際「不法就労」のニュースを聞くことも多いため、外国人を雇うことは法的にもいろいろと難しいのではないか、と思われている方もいらっしゃるでしょう。

簡単に説明しておくと、不法就労とは、外国人が日本の法律に違反して仕事をしていることです。一番わかりやすいのが、**就労ビザを持っていないのに外国人が日本で仕事をすること**でしょう。これは、外国人本人はもちろん、雇用者も罪に問われることになります。雇用者も「ビザを持っていないなんて知らなかった」では済まされないのです。また、就労ビザは1年、3年、5年という期限もありますから、雇った時に本人がビザを持っていても、その期限が切れたまま働き続けていた場合、これも不法就労になります。

とはいえ、雇用者が最低限のビザの知識を持ち合わせておき、必要な手続きをして、外国人従業員に規則の範囲で仕事をさせていれば、問題はありません。

▼外国人採用の流れ

では、実際に自社で外国人を雇用する場合、一体どんな手順を踏んで、採用を行えばよいのでしょうか。まずは、次ページの図を見ていただき、外国人の求人から採用までの流れを確認しておきましょう。

濃いグレーの部分が日本人社員の採用と違う部分です。つまり、**就労ビザの申請、審査、許可、入社後のハローワークへの届出**です。

大前提の話になりますが、**外国人が日本で働く場合（外国人を雇用する場合）、原則として就労ビザを申請する必要があります。**現在、約16種類の就労ビザがあり、本人の学歴や仕事内容によって、どのビザを取得できるのかが決まります。就職（内定）すると自動的に就労ビザがもらえるわけではなく、会社や本人が申請して、審査をパスして初めて取得できる仕組みになっています。

そして、外国人を採用した場合、**入社後にハローワークへの届出を行う**ことも必要です。ハローワークへの届出とは、正確には、ハローワークを通して「外国人雇用状況の報告」を厚生労働大臣に届け出るものです。この届出はすべての会社に義務付けられています。届出事項は、外国人労働者の氏名、在留資格、在留期間などです。いずれも在留カード（コラム1参照）を見れば書ける情報ですので、必ず出しておきましょう。

さて、外国人の求人から採用までの大きな流れはご理解いただけたかと思います。日本人の採用と大きく異なるのは、就労ビ

外国人の求人から採用までの流れ

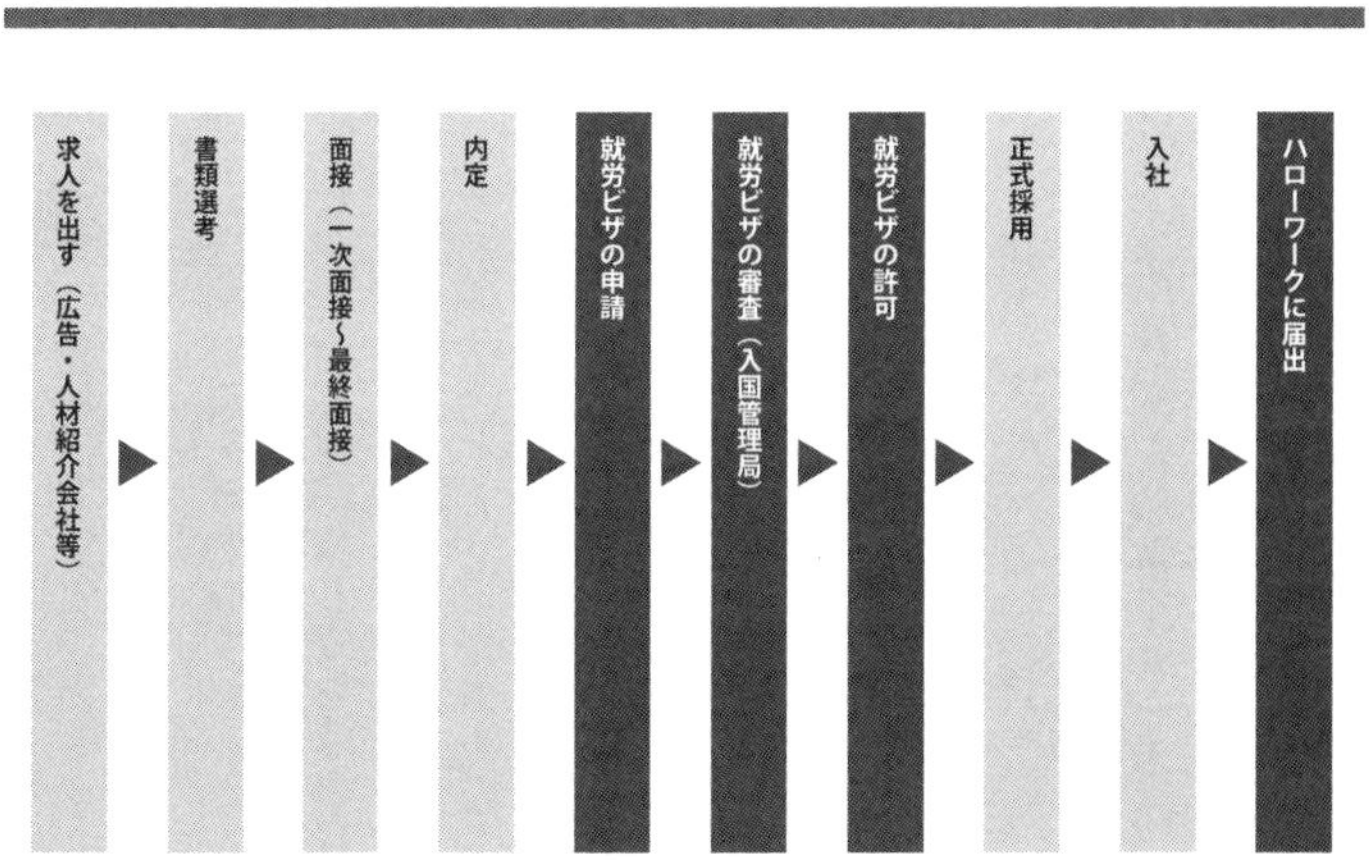

ザに関する部分でしたね。これは日本人の採用には必要のないステップです。

初めて外国人を雇用する際、手続きの面で真っ先に気になるのが、この就労ビザについてかもしれません。しかし、就労ビザ申請については、さまざまな書籍が既に存在しているので情報収集は難しくありませんし、前述のように就労ビザ申請を専門にしている事務所に依頼すれば、煩雑な手続きは必要ありません。

ただ、優秀な外国人から応募がくるかどうか、書類選考や面接でほしい人材を見抜けるかどうかは、採用する側の知識や経験によります。また、採用後に本人がうまく職場になじみ、存分に能力を発揮できるかどうかは、採用後の育成力にかかっています。これればかりは、ビザ専門事務所の人間が代わりに行うことはできません。

そのため本書では、就労ビザ申請の手続きに関してだけでなく、**外国人の募集から採用、その後の育成についてまで、外国人雇用を成功させるための戦略**をお伝えしていきます。具体的には、第2章で戦略的採用、第3章で求人方法、第4章で書類選考、第5章で面接、第6章で採用後の育成法、第7章で雇用の際の準備について説明します。また、就労ビザ取得に関連した情報は、第8章にまとめています。

本当に良い人材に出会い、外国人雇用を成功させることは、会社の拡大、発展につながります。そのために、本書をうまく活用していただければ嬉しい限りです。

それでは早速、次の章から、外国人の採用についての具体的な戦略を見ていきましょう。

コラム

1

これだけ知っていれば怖くない、在留カードの見方

日本に正規に滞在する外国人は、「在留カード」という身分証明書を常に携帯しています。在留カードには、外国人の国籍、氏名、生年月日、現住所など、個人情報が載っています。外国人を採用する際に注意して見ておくべき項目は次のとおりです。

◉就労制限の有無　留学生の場合、ここには「就労不可」と記載されています。転職希望者の場合は「在留資格に基づく就労活動のみ可」と記載されていることが多いです。この意味を法律的に詳しく正確に説明すると、かなり長くなってしまう（1冊の本に

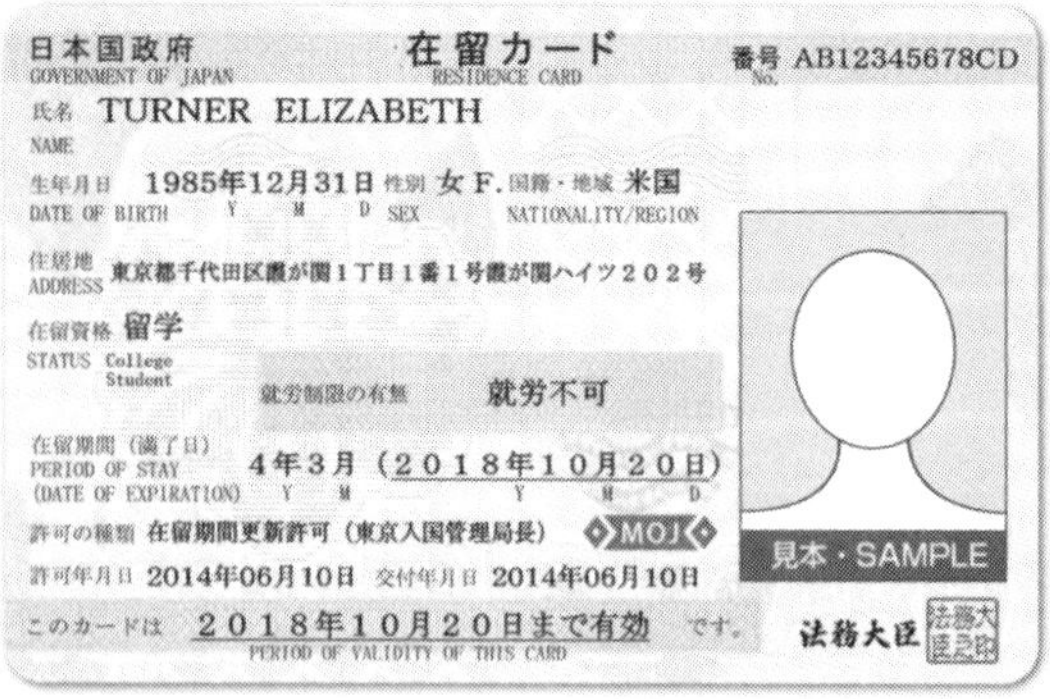

なります）ので、本書では省略しますが、簡単に言えば、就労ビザを持っている外国人はこの記載になります。そして、日本人と結婚して「日本人の配偶者等」というビザを持っている外国人や永住権を持つ外国人の場合、この項目には「就労制限なし」と記載されます。つまり、就労に関して、ビザを気にする必要はないということです。

●**生年月日**　中国人などは数え年で自己申告する場合がありますが、正確な年齢はここから計算できます。

●**在留期間**　日本に滞在できる期間のことです。ここに記載されている日を一日でも超えてしまうと、原則、不法滞在となります。

●**在留資格**　日本に滞在する外国人は、何らかの在留資格を持っています（観光や短期商用などで3ヶ月以内の滞在者を除く）。この外国人がどんな在留資格で滞在しているのかが記載されます。

在留資格の一覧

在留資格	該当例
外交	外国政府の大使、公使、総領事、代表団構成員等及びその家族
公用	外国政府の大使館・領事館の職員、国際機関等から公の用務で派遣される者等及びその家族
教授	大学教授等
芸術	作曲家、画家、著述家等
宗教	外国の宗教団体から派遣される宣教師等
報道	外国の報道機関の記者、カメラマン
高度専門職	ポイント制による高度人材
経営・管理	企業等の経営者・管理者
法律・会計業務	弁護士、公認会計士等
医療	医師、歯科医師、看護師
研究	政府関係機関や私企業等の研究者
教育	中学校・高等学校等の語学教師等
技術・人文知識・国際業務	機械工学等の技術者、通訳、デザイナー、私企業の語学教師、マーケティング業務従事者等
企業内転勤	外国の事業所からの転勤者
介護	介護福祉士
興行	俳優、歌手、ダンサー、プロスポーツ選手等

在留資格	該当例
技能	外国料理の調理師、スポーツ指導者、航空機の操縦者、貴金属等の加工職人等
技能実習	技能実習生
文化活動	日本文化の研究者等
短期滞在	観光客、会議参加者等
留学	大学、短期大学、高等専門学校、高等学校、中学校及び小学校等の学生・生徒
研修	研修生
家族滞在	在留外国人が扶養する配偶者・子
特定活動	外交官等の家事使用人、ワーキング・ホリデー、経済連携協定に基づく外国人看護師・介護福祉士候補者等

在留資格	該当例
永住者	法務大臣から永住の許可を受けた者（入管特例法の「特別永住者」を除く）
日本人の配偶者等	日本人の配偶者・子・特別養子
永住者の配偶者等	永住者・特別永住者の配偶者及び本邦で出生し引き続き在留している子

在留資格	該当例
定住者	第三国定住難民、日系３世、中国残留邦人等

第2章

優秀な外国人を見つけるための戦略的採用

初めての外国人採用となると、一体何を心がければよいのか、わからないことも多いと思います。でも、会社が何の努力もせずに、優秀な人材が来てくれることをただひたすら待っていてはいけません。本来会社が求めている人材かどうかをきちんと判断せず、外国人だからという理由で大目に見て採用をしてしまうのも、結果的にお互いのためになりません。

この章では、漫然とした採用ではなく、会社がほしいと思っている人材や、優秀な人材に出会うための戦略をお話ししていきます。

優秀な外国人社員を採用するためにできること

まずは、採用側が心がけるべきこと、また応募者に対し、自社の魅力をアピールする方法などについて紹介します。外国人を採用するにあたって、基本であり重要なポイントですから、必ず押さえておきましょう。

▼日本語能力は問いすぎず、仕事の能力や素質をみる

日本語能力を問いすぎると採用の幅を狭めることになります。もちろん、日本語を全く話せない、読めない、見たことも聞いたこともないという人を採用してほしいと言っているわけではありません。日本語能力検定などの資格だけにとらわれずに採用するほうがよいということです。

接客や電話対応などが必要となる場合には、一定レベルの日本語能力が求められます。しかし、自社社員以外の日本人と話をする必要がないのであれば、あるいは橋渡しをする通訳者がいるのであれば、さほど日本語能力が高くなくても業務をこなしていけます。日本語能力に関しては、経験と時間が解決してくれることが多いものです。

高度な専門知識や技術を有する外国人材を、日本語能力が少し劣るからと言って不採用にするのはあまりにももったいないことです。

▼英語が話せる人を採用する

日本語が話せなくても英語ならある程度（あるいはかなりの程度）話すことができるという外国人は相当います。それくらいに英語は世界共通語です。母国語でないにもかかわらず英語ができるということは、優秀な人材である可能性が高いのです。日本語が話せないとなると、採用後のコミュニケーションが心配という声もありますが、外国人採用を機に日本人社員も仕事で英語を使ってみるとよいと思います。片言の英語でも通じることはよくありますから、何も流暢に話したり高度なことを言ったりする必要はありません。

そして、外国人の募集については、「英語しか話せなくてもよい」「業界で使う日本語は入社後に覚えてくれればよい」くらいの感覚で採用すれば、優秀な人が来てくれる可能性が高まります。

▼福利厚生の充実はアピールになる

会社の福利厚生については、日本人でも重視する人が多いと思います。通常の業務以外にこうしたプラスの要素があると、モチベーションにつながるのは、外国人にとっても同様です。

これは、ある不動産事業の会社の話ですが、この会社のお客様の中には、母国に住みながら日本の不動産に投資しており、年に数回の頻度で来日する方がいるそうです。お客様が来日された時には、お客様と一緒に社員全員でバス旅行に行くのですが、社員の方々はバス旅行でいろいろな場所に行けることを楽しんでいるということです。また、その会社はリゾートホテルの会員権を持っているので、外国人社員のご両親が来日された時には、そのホテルを利用してもらい、親孝行に役立ててもらっているそうです。

こうしたレクリエーション的な要素も喜ばれますが、外国人にとっては、**会社が自身のスキルアップのための費用を負担してくれるかどうか**も、福利厚生の大きな要素の一つになります。実際に、資格予備校の学費や、英会話学校の学費を会社が一部負担したことで、応募が増えた会社もありました。また、宅地建物取引士などの日本の国家資格を持っていることは外国人にとってステータスになりますから、こうした資格取得に関してもサポートしてあげるとよいでしょう。

▼ノベルティグッズなどで会社をアピールする

外国人社員は、日本という自分の母国ではない国で働いていますから、母国の両親や親戚に仕事の話をする時には、自分は日本で立派に働いているんだと胸を張りたい気持ちがあります。そのため、会社のノベルティグッズなどを作って社員に渡すのはおすすめです。実際、自社のカレンダーを作って社員に配布したところ、外国人社員にとても喜ばれたという話も聞きます。また、会社のウェブサイトを充実させることも、立派な会社だというアピールになりますね。英語で書かれたページも用意できればさらによいでしょう。

▼在留資格や言語など、外国人の立場を念頭に置く

外国人にとって、ビザ（在留資格）は命と同じくらいに大切なものです。日本人である私たちには縁遠い話ですが、彼らにとっては、日本にいられるかどうかの瀬戸際となるものであり、申請の結果次第ではその後の人生も大きく左右されます。ずっと日本にいたいと思っている外国人の場合、永住権の取得を考えている人もいます。在留資格に関する支援はできる限りしてあげるようにしましょう。

また、言語や習慣が日本人と異なるのは当然のことです。宗教上の観点から厳しい規律を守っている外国人もいます。日本は島国で民族の多様性に乏しいせいか、これらのことに対する配慮や理解が国全体として進んでいません。外国人の中には「日本で自分の宗教のことを理解してもらうのは諦めている」とまで言う人もいます。採用側の事情もありますが、外国人には外国人なりの事情や言い分があります。そのような事情に少し配慮するだけでも、門戸が広がるでしょう。

▼条件に合う人が応募してくれるまで待つ

近年、外国人を対象とした求人数が増えたこともあり、優秀な人は、上場企業に応募しがちです。中小企業にも応募はしますが、あくまで面接練習のためという場合も多いのです。必然的に、中小企業には、優秀な人の応募が少なくなってしまいます。

しかし、じっくり待っていると、たまに優秀な人が応募してくれます。そのタイミングで内定を出すのです。目安ですが、書類選考の対象が10人いたら、面接まで進めるのは2人くらいです。そして、5人以上面接して1人を採用する。そんなイメージでよいでしょう。優秀な人はそれくらいの割合でしかいないと思って、焦らずに選考を行いましょう。

ほしい人物像の詳細を可視化する

次に、どうすれば会社の求めている人材を採用できるのか、著者の顧客企業の例を通してお話ししたいと思います。

著者の事務所では、外国人の採用コンサルティングも行っているのですが、ある会社が外国人採用に失敗ばかりしているとのことで相談を受けました。その会社では、臨時アルバイトも含めると、これまで相当数の外国人スタッフを雇ってきました。ですが、なかなか良い人材を採れないとのことでした。ある人は出勤して15分で退社し、ある人は仕事に対して無責任、ある人はいつまで経っても仕事を覚えません。

なぜ失敗ばかりするのだろう、なぜ良い人が採れないのだろうと、社長はずっと悩んでおられたようです。過去の募集方法、採用方法を詳しくお聞きすると、採用に失敗してきた原因が判明しました。どんな人を採用したいのかが具体的に決まっていなかったのです。今まで、スタッフを補充しようと思ったら、求人を出して、応募してきた人の中から一番良さそうな人を採用していたそうです。その方法だと、絶対に失敗します。

大手企業ならそれでもよいかもしれません。でも中小企業の場合、残念ながら、ものすごく優秀な人は応募してきません。それが現実です。誤解を恐れずに言うと、優秀ではない普通の、もしくは普通以下の応募者の中から、一番マシな人を選ぼうという姿勢では、採用に成功する可能性は低いのです。

そこで私が提案したのは、**採用したい人物像をできる限り明確化する**ことでした。そのために、求人情報には書けないことも含めて、会社が本当にほしい人材はどのような人材なのかを書き出し、可視化してみることを勧めました。たとえば次のような項目です。

年齢・性別／性格／仕事に対する姿勢・キャリアパス／
仕事のスキル・経験値／日本語能力・日本の価値観の理解

先ほどの社長には、採用したい人物像の可視化を提案した後、すべての条件を満たす人はなかなかいないため、それに近い人を採用するように勧めてみました。すると、今までの採用活動の中で最も会社にふさわしい外国人スタッフを雇うことができたそうです。ものすごく優秀というわけではないけれど、伸びしろがあり、まさに会社が求めていた人材だったとのことでした。

ちなみに、その時に書き出した条件は以下のとおりです。

項目	ほしい人物像
年齢・性別	24歳〜39歳まで女性 （求人情報には性別の記載はできないが、 ほしいのはどちらなのか明確にしておく）
性格	明るい 自分に自信がある おどおどしていない 目力がある
仕事に対する姿勢・キャリアパス	仕事に対してプロ意識を持っている 会社は実務の学校ではない、ということを理解している 仕事を覚えるまでは、自宅で自己学習する意欲がある 電話に出る時の対応がハキハキしている 将来独立を考えていない
仕事のスキル・経験値	ブラインドタッチができる インターネットでの検索能力がある 営業経験者である 聞き上手である
日本語能力・日本の価値観の理解	日本語での文章力がある 年長者に対して敬意を持っている 遅刻早退をしない 掃除をきちんとやる

優秀な応募者が飛躍的に増える求人情報の書き方

さて、会社のほしい人物像の詳細を可視化したところで、次は、こうした人物に応募してもらえるような、求人情報の書き方についてお話しします。

▼条件や仕事内容は具体的かつ詳細に記載する

仕事を探している外国人は、求人情報を見ながら、「どんな仕事か？」「給与は？」「就業場所は？」「休日は？」「残業はあるのか？」「社会保険はあるか？」「手当ては？」など条件面を確認し、応募するかどうかを考えます。これらがはっきりしていないと、外国人は応募してくれません。優秀な人材であればあるほど、その傾向があります。日本人であれば「給与は応相談、経験による」と書いてあっても、他の条件が自分の希望に合致していれば応募してくれる可能性があります。

ですが、ほとんどの外国人はそういう判断をしません。条件を明確に示さないことによって、「外国人を安い労働力として考えているのではないか？」とか「実はブラック企業なのではないか？」と勘繰られることにもなりかねません。人を採用する企業側の姿勢として、条件を明確に示すことは最低限のことです。後にトラブルになりやすいのも条件面ですので、しっかりと記載しましょう。

これは実際に起きた事例なのですが、ある不動産会社では営業成績に応じて給与が異なるという賃金規定を設けていました。ほとんどの社員が業界平均より高い給与をもらっていたのですが、求人情報には固定給いくらと書くことができなかったため、「委細面談」という表現をずっと使っていました。当時は、求人情報サイトの掲載ルールも緩かったため、こうした掲載が可能だったそうです。すると、求人情報サイトからの応募は一切なく、新規採用は既存社員の人脈に頼っていました。

しかし、年々求人情報の掲載ルールが厳しくなり、求人情報サイト運営会社のアドバイスにより、「25歳モデル年収420万円」と記載したところ、いきなり30名を超える応募があり、社長は嬉しい悲鳴をあげることとなりました。

また、給与などの条件だけでなく、仕事の内容についても詳細に記載しておくことをおすすめします。日本では、入社時ではなく、配属時に仕事内容が決まるということがよくあるのですが、この仕組みは日本特有のものです。諸外国、特に欧米や中国では、貿易担当者として採用されたら、貿易相手との折衝、通関書類の作成、港湾での立ち会いなど、貿易に関することしか担当しません。その人に担当以外の業務、たとえば接客応対やお茶出しなどの仕事を指示したら、断固拒否されてしまうこともあります。

ですから、募集時には仕事内容の詳細をきちんと説明しておくことが非常に重要です。**入社してしばらくの間、事務的な仕事、補助的な仕事をしてもらう可能性がある場合には、そのことをきちんと伝えておきましょう。**日本人の社員であれば、想定内のこととして受け入れてくれるかもしれませんが、外国人社員にとっては、「約束が違う！　とんでもない会社だ！」ととらえられ、早期退職にもつながりかねないのです。

▼外国語で掲載すると応募者が飛躍的に増える

日本人を募集するのであれば、当然ながら募集要項は日本語で記載します。それと同様に、**特定の国の人を採用したい場合には、その国の言語で記載しましょう。**中国人を採用したいのであれば中国語、韓国人を採用したいのであれば韓国語という具合です。特になかなか応募がない時には、採用したい外国人の母国語で募集を出すと驚くほど応募がある場合が多々あります。

私たちが外国の求人情報を探すことを想像してみると、いくら英語が得意な人だったとしても、日本語のほうが検索も慣れていますし、情報も得やすいと思います。そして、もし日本語と英語の求人情報があったら、まず日本語のほうを読みますよね。これは外国人にとっても同じです。どんなに流暢に日本語を話せても、やはり母国語にはかないません。できるだけ多くの外国人に求人情報を読んでもらうためには、母国語で求人を出すことも選択肢の一つです。また、母国語で出すことで、外国人が応募条件を正確に読み取ることができます。そうすると、最初から条件を満たしていない人が応募してくることを避けられますので、採用側にも応募側にもメリットがあります。

今では、Ｇｏｏｇｌｅなどの翻訳機能を利用すれば、外国語への翻訳も比較的簡単にできます。どの国の人材を採用したいのか、という点さえ絞れば、使用言語はおのずと決まります。中にはとてつもなく優秀な外国人がいることもあります。言語の壁によって、そのような優秀な人材を採用できないということにならないように、募集要項についてはひと手間かけるようにしましょう。

外国語で求人情報を出すと、日本語能力が心配という声もありますが、これは面接等で判断できます。それよりも**求人情報を広く知らせることが大事です。**

▼応募する外国人の立場になって考えてみる

先にお話ししたように、外国人は日本人以上に仕事の条件や仕事内容についてしっかり確認します。ですから、こうした情報を詳細に公表するのは大切です。しかし、それだけでは人の心に響かないこともまた事実です。社長はどんな思いで創業したのか、どのような理念を持って事業を行っているのか、仕事を通じて社会に対して何をなそうとしているのか、夢は何か、など、社長や社員の率直な思いを自社のウェブサイトに掲載してみてはいかがでしょうか。こうした内容は、できれば、日本語と採用したい外国人の母国語の両方で掲載するのがいいでしょう。

また、雇用される外国人にとっても、会社側にとっても、採用が決まることがゴールではありません。外国人社員に能力を発揮して活躍してもらうには、入社後の教育体制が重要です。外国人にとって、異国での就職は非常に不安です。特に職務経験のない留学生の場合はなおさらです。ですから、外国人向けの求人情報には、**入社後のキャリアプランや研修サポートなどを具体的に記載しましょう。**特に、外国人向けにビジネス日本語研修を行っている場合などは大きな安心材料となります。

そして、なぜ外国人社員が必要なのか、その根拠についてもしっかり記載しておくことをおすすめします。なぜなら、稀ではありますが、外国人を単純労働者として雇用したいと考えている会社や、外国人の人脈を利用することだけが目的で、外国人の募集をかけている会社もあるからです。実際に、とある保険会社では、人脈の利用を目的に中国人を一括採用したことがありました。こうした情報は外国人の間であっという間に広まります。

ですから、なぜわざわざ外国人を採用するのかをしっかり書くことで、この募集には裏があるわけではなさそうだ、と安心させることができるのです。具体的な書き方としては、「現在、マレーシアの企業と合弁会社設立手続きを進めています。来年夏には合弁会社が登記されます。今回、日本の本社と連絡調整を担ってくれる社員を募集しています」というように、外国人を採用する経緯と、彼らの仕事内容を明示するのがよいでしょう。

▼外国人社員、アルバイトスタッフがいることを記載する

既に外国人社員がいる場合、必ずそのことを記載しておきましょう。過去に採用実績がある場合も同様です。関連会社の実績でも構いません。外国人の応募者にとって、母国の先輩がいると何かと安心です。そして、面接の時には直接会ってもらうなどの工夫を入れると、より安心感が増しますし、外国人同士で率直な話をしてもらうこともできます。

また、可能であれば、その**外国人社員のインタビューをウェブサイトに掲載して、どんな仕事をしているかを紹介しましょう。**先輩社員インタビューというのは、社長のメッ

セージよりも、確実に読まれます。一番良い見せ方は、先輩社員の顔写真付き、できれば仕事風景の写真も付けて、プロのライターに取材して書いてもらうことです。もちろん、費用はかかりますが、かなりわかりやすく充実した内容になります。

先輩社員の自己紹介動画を撮って、ウェブサイトにアップするのもいいですね。動画には臨場感があって、会社の雰囲気もよく伝わります。たとえば、次のような質疑応答の動画なら、かなりの確率で閲覧されます。

・今、どんな仕事を担当していますか？
・入社前に不安に思っていたことは何ですか？
・当社に入社して良かったことは何ですか？
・応募者に向けてメッセージをお願いします

先輩インタビュー記事は、質と量が命です。充実した内容のインタビュー記事をできるだけたくさん掲載してください。これだけで、かなり求人が楽になります。「3件ほど載せておけばいいか」などと思っていると、優秀な人材を他の会社にとられてしまいます。応募者は自分の属性や経歴に似た先輩社員がいると安心します。

たとえば、ある会社に応募したいと思っている優秀なベトナム人留学生がいるとします。彼は日本の専門学校を優秀な成績で卒業見込みです。その会社の先輩社員インタビューには、日本の4年制大学を卒業した欧米人の社員ばかりが載っています。こうした場合、この会社が実際にはさまざまな国の人を採用したいと思っていたとしても「この会社は4大卒の欧米人がほしいのではないか」と誤解されてしまう可能性があります。

外国人応募者の属性や経歴は、多種多様です。その多種多様な人材を募集しているということをアピールするためにも、できるだけたくさんの先輩社員インタビューを掲載しましょう。その際には、外国人社員ばかりの会社だと誤解を受けないためにも、日本人社員のインタビューも同様に多く載せておくとよいでしょう。

また、日本で働きたいと思っている外国人にとっては、仕事内容や給与などの条件はもちろん大切ですが、まずは就労ビザが取得できるかどうかが非常に重要です。ですから、既に就労ビザを取得して働いている先輩社員がいるとわかれば、外国人が「この会社なら就労ビザが下りそうだ」と判断し、応募率が高まります。**求人票や自社のウェブサイトを通じて、就労ビザが取れる会社・仕事内容であることを伝えるのは大変有効です。**

実際に、母国の先輩が、ぎりぎりの学歴要件でも就労ビザを取得して働いていることを知り、安心して同じ会社に応募をした、という事例もありました。

インターンシップを活用するのも効果的

インターンシップ（以下インターン）とは、学生が在学中に自分の興味関心のある企業に体験入社して、実際の仕事を体験する制度です。近年では多くの企業が導入しており、大学では単位認定をしているところもあります。

近年、外国人留学生の間でも、インターンについての認知度が高まり、積極的にインターンを利用する留学生が増えてきました。中には、10社以上インターンを経験する留学生もいます。

インターンに来た留学生に、自社への関心を持ってもらうようにするためには、やはり企業側にもそれなりの工夫が必要です。企業側が学生を見ているように、学生も企業や社員たちを見ています。まさに、素の会社が見られるのです。そして、その情報は、同級生や後輩へと伝わることとなります。留学生のネットワークを甘く見てはいけません。

また、インターンは長くても数ヶ月という短期間であることが多いため、仕事を覚えてもらうことよりも、会社に良い印象を持ってもらうことを優先させましょう。

多言語ウェブサイト制作を行っているある会社では、毎年数名の留学生をインターンとして受け入れています。インターンを導入した当初は、インターン生に仕事を教え、彼らのミスをカバーし、インターンでもできる仕事を用意するなど、インターン対応のためにやらなければならないことがたくさんあったそうです。もちろん、社員の時間も取られました。また、アルバイトより安い時給だとはいっても、それなりの時給と交通費が発生します。忙しい時に、あれやこれやと聞かれて、ちょっといらいらする時もあったそうです。そのため、社員からインターン受け入れに対して反対意見も出ました。

そこで、そうした社員の声をもとに、インターン生にはまずマニュアルを渡して、基本的に自分の力で業務を行ってもらうようにしました。その代わり、インターン生がミスをしても社員は怒らないと決めました。そして、たとえば作成した資料が間違っていた場合には、社員が作り直したものを見てもらい、インターン生自身に何が間違っていたのかを考えさせるようにしたのです。

このようにインターンの仕事の仕方を改善した結果、今では、インターン生がいることで社内が活性化され、優秀な留学生の採用につながっています。ちなみに、インターン生には、次のような仕事をお願いしているそうです。

●過去の案件のデータ化（スキャン）

膨大な資料をスキャンするという単純作業ですが、インターン生にとっては、過去の案件を俯瞰《ふかん》することができるので、実務のイメージがつかめます。

●商談に同席し、議事録を作成してもらう

最初は、営業マンが来社した時の打ち合わせに同席させています。相手は営業マンなので、万が一、無礼があっても、被害は最小限にとどめられます。

●社内資料の翻訳

実は、翻訳してもあまり使い道がないそうですが、インターン生にとっては、どんな社内資料があるのか理解できるというメリットがあります。

コラム

2

インターンシップ学生のための特別な制度がある

原則として、日本の学校に通っている留学生は週に28時間以内しか働くことができません。しかし、週に28時間では、企業側、学生側ともに、インターンシップのメリットを実感しにくいでしょう。

次の条件をすべて満たす人であれば、週に28時間以上働ける可能性があります。つまり、一般社員と同じように、週に40時間程度働くことも可能になります。

◆対象者

・大学4年生、修士2年生、博士3年生であり、卒業に必要な単位をほぼ修得している留学生

・特定の活動目的（就職活動目的など）を持っている外国人

・大学4年生、大卒者：仕事内容が大学等で学んだ専門知識を活かすものであること

・専門学校2年生、専門卒：仕事内容が専門学校で学んだ科目と密接に関係があること

◆許可されやすい職種例（個別審査にはなるが、許可される可能性が高い職種）

・経済学部の大学4年生が、営業の仕事をする
・通訳専門学校の2年生が、免税店で通訳者として働く
・専門学校で国際ビジネスを学んだ外国人が、携帯ショップの窓口で働く

◆許可されにくい職種例（可能性はゼロではないが、許可されにくい職種）

・飲食店の店員、コンビニの店員、ホテルのベッドメイキングなどの場合

◆申請書類

・在学証明書
・成績証明書（卒業要件単位を概ね8割以上取得していること）
・職務内容説明書（書式自由。職務内容、履修科目との関連性、一日のスケジュール、勤務場所、報酬、インターン終了後のキャリアパスなどの詳細を説明したもの）

第3章

優秀な人材に出会うための外国人求人方法

第2章では、優秀な外国人を見つけるための戦略的採用について紹介しましたが、本章では、具体的にどのような媒体を使って求人を出せばよいか、また人材紹介会社の選び方などを紹介します。

外国人の求人に使える媒体

外国人を募集する時は、日本人の求人と同じ方法で行ってもうまくいきません。日本人しか見ない求人媒体に、いくら費用をかけて掲載しても無駄になってしまいます。

現在、外国人を募集するためのさまざまな媒体があります。**ハローワークには、外国人に対応する「外国人雇用サービスセンター」がありますし、大学や専門学校などの教育機関の掲示板にも求人を掲載できます。これらは無料で掲載が可能ですし、手間もかかりませんから、最初に必ず利用したい求人媒体です。**外国人を募集する場合、無料だから効果が薄いということはありません。むしろ無料媒体からの応募者が有料媒体よりも多いということもあります。

求人媒体	メリット	デメリット
自社ウェブサイト	一度アクセスしてくれた人を追跡する仕組みを構築できる	自社を知っている人にしかアプローチできない
SNS	情報をリアルタイムに更新できる 応募者と双方向でコミュニケーションができる	応募者の質が玉石混交
公的機関（ハローワーク、外国人雇用サービスセンター）	無料で掲載できる 公的機関のサービスなので、利用者も安心して応募できる	利用者がインターネットで全ての情報を閲覧できない 掲載内容の変更が難しい
教育機関（大学、専門学校、日本語学校等）	無料で掲載できる 応募者の属性を事前に把握できる	閲覧者が少ない 学校によっては手続きが面倒
外国語の新聞、雑誌 フリーペーパー	国や言語に特化して求人を出せる 比較的安価で掲載できる	応募者の能力にばらつきがある 日本語が全くできない応募者も出てくる
求人情報サイト	迅速に求人を掲載できる 求人内容の変更にも柔軟に対応できる	効果のあるサイトを探す手間がかかる
人材紹介会社	一定レベル以上の人材の中から選択できる 求人内容の変更にも柔軟に対応できる	費用が高額である

また、人材紹介会社や求人情報サイト、外国語雑誌やフリーペーパーなどは、コストはかかりますが、うまく利用すれば有効な媒体です。こうした求人媒体を利用しつつ、自社ウェブサイトやＳＮＳで情報を発信することもおすすめです。

上の表のように、さまざまな求人媒体がありますが、実際どこに求人を出すのが最も効果的なのでしょうか。

それぞれの特徴を紹介していきましょう。

ハローワーク（公的機関）の求人情報

▼ハローワークは優秀な人材の宝庫

ハローワークというと、何らかの事情で失業してしまった人が集う場所、というイメージを持っている方もいるかもしれません。しかし、外国人からすれば、そんなイメージはありません。特に転職するためにハローワークに登録する外国人にとっては、**求職活動だけでなく、専門アドバイザーとの職業相談、無料就職セミナーの受講までできる公的機関**だと認知されています。

また、大学や専門学校の就職課では、大学に来る求人以外での求職活動をアドバイスする際、特定の人材紹介会社などを紹介するよりも、公的機関であるハローワークを紹介しやすいようです。外国人留学生に対しては特にその傾向にあるようですから、新卒の留学生を募集したい場合も、まずはこの媒体に掲載しましょう。外国人専門のハローワークである「外国人雇用サービスセンター」は、東京と大阪にあります。

実は、ハローワークには優秀な人材が埋もれている可能性が大いにあります。その理由の一つが失業保険制度です。外国人に限らず、失業保険を受給するためには、退職後にハローワークで申請手続きを行った上で、一定の求職実績（求人への応募、職業相談、セミナー受講等）が必要です。ですから、たとえ一流のビジネスパーソンであったとしても必ずハローワークに登録します。だからこそ掘り出し物のような人材が埋もれている可能性があるのです。

優秀な人材を採用しようと思ったら、高いお金をかけて人材紹介会社や有料の職業紹介会社にお願いする必要がある、などと思う必要はありません。むしろ、**ハローワークのほうが手っ取り早く優秀な人材が見つかることもあります。**ハローワークの価値に気付いていない会社も多いのですが、ぜひ活用してください。なお、**「ハローワークインターネットサービス」**に求人を公開すると、テレビＣＭでもおなじみとなった「Ｉｎｄｅｅｄ」にも、その求人が無料で掲載されるようになりましたので、これも活用しない手はありません。

▼ハローワークで優秀な外国人を採用するために

求職者の目に留まるような求人票を作成するには、ハローワークに行ってから求人票を書き始めてはいけません。事前準備もないまま書いても、応募者を惹き付ける求人票は作れないのです。これは、事前準備を全くしないまま面接に臨むのと同じことです。求職者が筆記試験や面接の前にいろいろと準備をしてくるのと同じように、募集する会社側にもきちんとした準備が必要です。

求人票に必要最低限の情報しか記載されていないと、その会社の魅力が十分に伝わりません。会社側が応募者の作成する履歴書などを見て人となりを判断するように、応募者側も会社の作成する求人票を見て会社を判断するのです。では、具体的にどんな点に注意すればよいのかを見ていきましょう。

◉求人情報の定番フレーズを使いすぎない

使い古されたフレーズをそのまま使用しても応募者には響きません。たとえば「とてもアットホームな職場です」という表現は、あらゆる求人情報で見かけますが、どういうところがアットホームなのかが全くわかりません。こうした抽象的な表現ではなく、**具体的な表現を使い、社長や社員がその会社特有の魅力を自分の言葉で語る**ことによって、応募者にも熱意や雰囲気がきちんと伝わります。

◉求人票に書き切れない情報を別紙にする

求人票に書き切れない内容は別紙にして提出することをおすすめします。著者が事務所の求人の際に実際にやってみたところ、ハローワークから、「分量が多すぎる」と拒否されたことはありませんでした。

◉「未経験者歓迎」の一言があると外国人が応募しやすい

多くの外国人にとって、異国での就職には大きな不安が伴います。優秀な大学を卒業し、高い資質と能力を持った外国人でも同様です。ですから、「経験のない方でも歓迎します」という一文があると、外国人の応募者は安心して応募できます。また「未経験者歓迎」の一言は、未経験者だけではなく経験者にも響きます。経験者からすれば、「自分が持っている実務経験は、経験者と言えるレベルのものだろうか？」「経験は多少あるがブランクがあるので不安だ」といった思いを持っていることが多いからです。ただし、「未経験者歓迎」と書くと、優秀な人もそうでない人も応募してくることは覚悟してください。

◉仕事の厳しさも伝える

あえてその仕事の厳しさや大変さを書くことで、応募者に覚悟を持って面接に臨んでもらうことができます。ただし、その書き方には十分に注意してください。単に、仕事の厳しさだけを書くと、応募者は減ってしまいます。厳しい面もあるけれど、**こんなスキルを取得できる、こんな風に成長できる、というプラスの面も併せて書く**ようにしましょう。

◉給与、賞与等は明確に示す

給与や賞与に関しては、具体的に書きましょう。「賞与については業績に応じて支給する」ではなく、「賞与目安は給与の2ヶ月分」というように具体的に書いたほうが効果的です。また、3年後離職率、平均勤続年数、月平均残業時間数なども、数値化して示したほうが、外国人は安心します。

◉採用が決まったら、紹介してくれたハローワークに報告する

ハローワークの職員の方は、応募者だけではなく会社側もしっかりと見ています。採用が決まった場合、ハローワーク宛の選考結果通知表に「採用」と書いて送るだけでなく、**採用の経緯、理由、配属予定の部署や職務内容もできるだけ記載してください。**そうすることで、ハローワークとの信頼関係ができます。外国人はハローワークの窓口で直接相談することも多いので、ハローワークと信頼関係ができていると、職員の方から直接紹介してもらえるかもしれません。

学校の求人情報

留学生を受け入れている大学院、大学、短期大学、高等専門学校、専門学校、日本語学校などでは、就職課や留学生センターの掲示板で求人情報を公開しています。学校によっては、留学生専用就職相談コーナーを設けている場合もあります。

▼大学、専門学校とのパイプを作る

採用の現場では、中途採用より新卒採用のほうがよいという声がよく聞かれます。一般的に、新卒採用では中途採用に比べ、優秀な人材を低コストで採りやすく、年齢も若く、離職率も低い傾向にあるからです。こうした傾向は外国人採用にも当てはまります。

外国人を新卒で採るためには、大学や専門学校の留学生に向けた採用活動をする必要があります。近年、留学生に特化した人材紹介会社も増えてきましたが、やはり留学生がいる大学や専門学校と直接つながるメリットは大きいのです。

大学や専門学校の就職課（キャリア支援センター、留学生センターなど）には多数の求人情報が掲示されています。あるいは、求人企業の一覧が見られるようになっています。今はインターネットで簡単に求人を探せる時代です。母国語で掲載された求人もたくさんあります。そんな中で、学校の求人票をわざわざ見に来る留学生は、比較的素直で意識の高い学生が多い傾向にあります。特に、頻繁に就職課を訪れる留学生は真面目な学生であることが多いようです。

▼学校指定の求人票に記入するだけでは自社の魅力が伝わらない

大学や専門学校に自社の求人情報を掲載してもらうためには、学校指定の求人票に記入して、送付する必要があります。この求人票ですが、学校によって多少の違いはあるものの、掲載できる情報量に限りがあります。

外国人社員を毎年数名ずつ採用しているA社では、学校指定の求人票に加え、会社案内、先輩社員の声、最新の社内報、OB・OGリストを添付して送っています。その際には送付状にも工夫をしているそうです。「拝啓」から始まる定型文を使うのではなく、事前に学校のウェブサイトなどで最新情報を確認し、学校によって書き方を変え、就職課職員の方の目に留まるようにしています。たとえば、次のような文章を添えて送っているそうです。

・貴学の○○のニュースを拝見いたしました。弊社の○○部門で関連する事業を展開中です。関連資料を同封いたします。ぜひ学生にご紹介いただければ幸いです。
・3年前に貴学から入社した○○君は、当社で○○として活躍しておられます。
・先月、貴学OBの方が弊社に転職してこられました。○○の経験が豊富で即戦力として彼の活躍に期待しています。

▼就職課との良好な関係が優秀な人材採用に直結する

大学や専門学校の就職課との良好な関係を構築するためには、やはり接触回数を増やすこと、つまり**学校訪問が一番効果的**です。ただ、目的もなく回数を稼げばよいというものではありません。訪問する際には、OB・OGに同行してもらったり、企業見学会の案内を持参したり、インターンの提案をしたりするなど、何かネタを持っていきましょう。こうした小さな活動を積み重ねると、就職課との信頼関係を築いていくことができます。

就職課と良好な関係ができると、さまざまなメリットがあります。前述したA社では、就職課との長年の関係強化の努力が実り、単独での就職説明会の開催が実現したそうです。ちなみに、中央大学では毎年、参加企業数が800社を超える学内合同説明会を開催しています。同大学では、参加企業を「卒業生が活躍している」「学生のニーズがある」「頻繁に来校してくれる」などの項目で選定をしているそうです。就職課を味方につけるメリットは大きいですね。

なお、著者の事務所では、留学生が在籍している大学院、大学、専門学校に向けて、求人票を作成し、郵送もしくは配信するサービスを行っております。ほとんどの学校では学校指定の求人票があり、その書式に従って求人情報を作成する必要があります。また学校によって、郵送のみ受付可、FAXのみ可、添付書類は何枚までなど、ルールが異なります。著者の事務所では、こうした学校側のルールを踏まえ、求人票の作成、一括送信サービスを行っております。

▼外国人留学生の多い大学一覧

実際に大学に接触をする際には、やはりなるべく留学生の多い学校を事前に調べて行くほうが効率的でしょう。次のページに外国人留学生の多い大学をリストアップしましたので、参考にしてください。

外国人留学生受入数の多い大学

地域	大学名	留学生数（交換留学除く）
関東	早稲田大学	5,072 人
関東	東京大学	3,618 人
九州	立命館アジア太平洋大学	2,804 人
関東	筑波大学	2,426 人
関西	大阪大学	2,273 人
九州	九州大学	2,201 人
関西	立命館大学	2,141 人
関西	京都大学	2,134 人
東北	東北大学	2,025 人
北海道	北海道大学	1,851 人
中部	名古屋大学	1,805 人
関東	慶應義塾大学	1,677 人
関東	明治大学	1,456 人
中国	広島大学	1,442 人
関東	城西国際大学	1,438 人
関東	東京工業大学	1,432 人
関西	同志社大学	1,358 人
関東	上智大学	1,307 人
関東	日本大学	1,220 人
関西	神戸大学	1,201 人
関東	拓殖大学	1,055 人
関西	大阪産業大学	1,005 人
関東	東洋大学	984 人
関西	関西大学	940 人
関東	法政大学	931 人
関東	横浜国立大学	927 人
関東	東海大学	900 人

独立行政法人 日本学生支援機構「平成 29 年度外国人留学生在籍状況調査結果」を
ベースに筆者作成。人数は平成 29 年 5 月時点

人材紹介会社

人材紹介会社の中には、外国人に特化した紹介会社も多数あり、紹介会社によって、強い国や業界が異なります。料金体系については、採用が決まるとその採用者の年収の20～30%を支払うのが一般的です。しかし、最近では何人採用が決まっても一括30万円で行います、といったところもあるようですから、会社によってさまざまです。ハローワークや大学などの求人と異なりコストがかかりますから、予算との兼ね合いで検討しましょう。また、採用が決まっても就労ビザが下りないケースが稀にありますので、事前に行政書士等と連携をとって、自社での就労ビザの要件などを確認しておくことが重要です。

▼失敗しない人材紹介会社の選び方

初めての外国人採用の場合、人材紹介会社を利用することが多いと思います。近年の外国人留学生の増加に伴い、外国人に特化した人材紹介会社が増えてきました。近年増えてきたということは、社歴の浅い会社が比較的多いことを意味します。実際、著者が外国人紹介会社を立ち上げた2007年当時は、同業他社はほとんどありませんでした。外国人紹介についての企画書を作って企業に営業に行っても、人事担当者の反応は「何ですか、それ?」という感じでした。この10年強で、ずいぶんと外国人紹介ビジネスの環境が変わったと思います。

ですから、人材紹介会社といっても、玉石混交です。優良なサービスを提供する会社とそうでない会社が存在するのが現状です。人材紹介会社は、応募者側と採用企業側の橋渡しの役割を担うことになります。ですが、すべてを丸投げするのはやめましょう。**適正なサポートやフォローをしてくれる会社かどうかきちんと見極めなければいけません。**

外国人紹介をしている会社の中には、就職させた外国人の数がそのまま営業担当社員の成績となるようなシステムを採るところもあります。「数さえ入れればよい」という考え方の会社は、概して仕事も雑な傾向があります。では、優良な人材紹介会社かどうかを判断するには一体どうすればいいのでしょうか。まずは、次にあげる項目について確認するようにしましょう。

◉労働者派遣事業の許可番号を確認する

日本で職業紹介を事業として行うためには、厚生労働大臣の許可が必要です。ウェブサイトや事業所に許可番号が示されているか確認してください。無許可で営業している場合や「コンサルティング」と称して人材紹介をしている会社もあります。そういう会社は法律違反をしていることになりますので、避けなければなりません。

◉担当者に就労ビザに関する知識があるかどうか

日本人の採用には関係ありませんが、外国人を採用する場合には、必ず就労ビザというハードルが立ちはだかります。ですから、就労ビザに関する基本的な知識もない会社に任せてしまうと、「内定を出したのに就労ビザが取得できなかった」ということになりかねません。そもそも、就労ビザを取得できない、または取得が困難な候補者は、第一次選抜の段階であらかじめ振るい落とさなければならないのです。普通は、履歴書等の本人情報から、就労ビザに該当するかどうかはある程度わかりますから、これは採用会社側ではなく、人材紹介会社の仕事と言えるでしょう。

また、既に述べたように、**就労ビザが許可されるためには、学歴などの本人に関する**

要件を満たすだけでなく、仕事内容がビザの対象になることも重要です。就労ビザの許可に「絶対」はありませんから、ここは事前にきちんと確認しておくべきでしょう。たとえば、現業労働の割合が高いにもかかわらず「就労ビザは下りるから大丈夫だ」と豪語するような人材紹介会社はやめておくべきです。内定を出してから、業務内容が原因で就労ビザが下りなかったとなれば、内定した外国人にも迷惑がかかりますし、会社側も採用コストをかけた分、ダメージを受けます。

また、基本的に打ち合わせの際には、人材紹介会社の担当者は行政書士などの就労ビザの専門家と一緒に来ることが多いのですが、もし行政書士が下請けのように扱われているようでしたら注意が必要です。できればセカンドオピニオンを聞き、全く異なる見解になるようであれば、その人材紹介会社は危険だと判断してよいでしょう。

◉外国から直接採用する場合には、来日までのサポートがあるか

人材紹介会社を通して、外国にいる外国人を面接する場合には、一般的に採用側の担当者が現地に赴くことになります。これは、日本にいる外国人を採用する場合と異なり、一

回で複数名を採用することが多いからです。その際に、人材紹介会社担当者がきちんと現地に同行してくれるか、面接会場等のセッティングをしてくれるか、内定後の応募者側へのフォローがあるか、就労ビザ取得へのサポートがあるか、来日した後の住まい等の手配をしてくれるかなどは事前にきちんと確認しておきましょう。日本人の採用ですらいろいろと気を遣うのに、外国に出向いて採用活動をするとなると、その労力は数倍にもなります。ですから、できるだけサポートの厚い人材紹介会社を利用しましょう。

次のページに、外国人の人材紹介を行っている会社をリストアップしていますので、参考にしてください。ただ、前述のように、人材紹介会社を利用される時にはすべて丸投げするのではなく、適切なサポートやフォローのある会社かどうか、ご自身で見極めることを心がけてください。

会社名	ウェブサイト URL
株式会社グローバルパワー	https://nextinjapan.com/globalpower/
ゴーウェル株式会社	https://gowell-japan.com/business/hr/
ランスタッド株式会社	https://www.randstad.co.jp/
株式会社 翼インターナショナル	https://tsubasainc.net/
株式会社エフエージェイ	https://www.fa-j.co.jp/company/index.html
株式会社マンネット	http://mannet.jp/foreigner/placement_service.html
株式会社 GTEKS	https://global-saiyou.com/
株式会社インフォランス	http://recruit.inforance.co.jp/
株式会社夢エージェント	https://www.yume-ag.co.jp/taiwan/
YAMAGATA INTECH 株式会社	https://www.yamagata-intech.jp/?lang=jp
株式会社クロスインデックス	http://www.crossindex.jp/
株式会社アイ・ピー・エス	https://ipsism.co.jp/
株式会社ベストワン	http://bestonenavi.co.jp/index.html
DOC 株式会社	https://www.doc-inc.com/
株式会社 YOLO JAPAN	https://www.yolo-japan.co.jp/
アチーブ株式会社	http://achievejapan.com/index.html
株式会社オリジネーター	https://originator.co.jp/
株式会社バックスグループ	http://www.backs.co.jp/
株式会社ビーコス	https://www.b-cause.co.jp/
日本ジュロン・エンジニアリング株式会社	http://jjel.co.jp/
ジェイ・ライン株式会社	http://www.j-line.co.jp/
グラスプ ディープラスグローバルエージェント	http://dplus-consul.com/grasp/
株式会社マックス	http://www.max-kyujin.com/
株式会社コノミティ	http://www.conomity.co.jp/
株式会社 Global Stars	https://www.globalstars.co.jp/
ムーセン合同会社	http://musen-llc.jp/
株式会社 マイナビ	https://www.mynavi.jp/
ユアブライト株式会社	https://www.yourbright.co.jp/foreign/recruit
株式会社チームアンビシャス	http://www.team-ambi.co.jp/service02/
株式会社リマープロ	http://remar.co.jp/
株式会社 INNTEGRA	https://inntegra.co.jp/
株式会社ソリューション	http://www.workernet-v.jp/
株式会社 リレーションシップ	http://relationship.co.jp/foreign_introduction_business
株式会社ビスタ	http://vista-kk.co.jp/
株式会社 evolution	https://evolution-jinzai.com/
株式会社プロスパ	http://www.prosper-job.com/
株式会社フルクラム	https://www.fulcrum5.co.jp/
株式会社ジャパン ビジネス コンタクト グループ	http://www.jbc-group.com/japan/
アイ・ジョブ・ネット株式会社	http://www.ijob-net.com/
株式会社ブリッジアカデミー	http://new.bridge-ac.jp
ヒューマンホールディングス株式会社	https://www.athuman.com/
株式会社 DUTA	http://www.duta.co.jp/recruitmentbusiness/
株式会社明晴インターナショナル	http://meisei-int.jp/service/
株式会社エマール	http://www.emar.co.jp/
株式会社 ASIA Link	http://www.asialink.jp/
株式会社ニッチ	http://niche-okinawa.jp/
株式会社ソシオ	http://www.socio-net.com/
JOB EXPORT 株式会社	http://www.jobexport.net/

自社のウェブサイト・SNS

ハローワーク、大学や専門学校などの教育機関、人材紹介会社などに求人情報を掲載したら、次は自社のウェブサイトの充実を目指しましょう。求人情報を見てあなたの会社に興味を持った人なら、必ず会社のウェブサイトも閲覧します。第2章でも述べましたが、特に外国人は、会社がある程度しっかりしていてブランド力があることを好みますから、ウェブサイトがしっかりしていれば、好印象を与えることができます。また、これも第2章でお話ししましたが、ウェブサイトにはできれば先輩社員のインタビューを載せておきましょう。会社全体の雰囲気や、他の社員の働き方を見ることができるのは、応募者にとって自分が働くイメージにつながるため、とても効果的です。

同様に、ＦａｃｅｂｏｏｋやＴｗｉｔｔｅｒなどの自社アカウントを作り、そこから情報発信をしていくこともおすすめです。第1章では、ＦａｃｅｂｏｏｋやＷＥＩＢＯ（中国版ＳＮＳ）に情報発信をすることで、顧客が増えた企業の例をあげましたが、採用活動も一種の営業です。SNSを使ってどんどん自社についての情報を発信し、未来の応募者に会社をアピールするツールとして活用してください。

一般的に自社ウェブサイトやSNSというのは、その会社に興味を持った人が、詳細を知るために訪れるものです。しかし、時にはウェブサイトやSNSから直接採用につながることもあります。それは、自社のウェブサイトに求人ページを設けておき、そこで募集するという方法です。**自社のウェブサイトで募集するメリットは、何といっても、一度アクセスしてくれた人を追跡する仕組みを構築できること**です。

具体的に説明しましょう。たとえば、自社のウェブサイト上に、「○○業界で働くために知っておくべき基礎知識」「知らないと絶対に失敗する面接マナー」「○○業界の新入社員が入社後に驚いたこと」といったような無料レポートを用意しておきます。そして、メールアドレスを登録すると、誰でもすぐに無料レポートをダウンロードできる仕組みにしておきます。もしかすると、無料レポートだけほしい人もいるかもしれませんが、こうすれば自社の業界に興味がある人のメールアドレスを獲得できます。あとは、一週間に一回程度、フォローメールを自動で送る設定にしておけば、どこかのタイミングで応募がある可能性は十分にあります。実際、著者もこの方法で外国人スタッフを募集したところ、無料レポートのダウンロードの2週間後に、3名から応募がありました。

また、Facebookや Twitter、WEIBOなどに、自社サイトを設置しておき、そのサイト上で求人広告を出すこともできます。他の求人媒体と比較した時の利点は、自社媒体なので情報をリアルタイムに更新でき、応募者と双方向のコミュニケーションがとれることです。場合によっては、簡単な一次面接もできてしまうかもしれません。

その他の求人媒体

◉留学生向け合同就職説明会

都市部を中心に、年に数十回開催されています。主催者は公的機関や民間企業などさまざまです。出展が有料のものと無料のものがあります。一度に1000人を超える外国人が訪れますので、集中的に募集をかけたい時に最適です。「留学生就職説明会」「外国人ジョブフェア」などで検索すると、主催者の情報が出てきます。開催の半年前くらいから出展社の募集をかけることが多いです。

◉求人情報サイト

インターネット上には非常に多くの求人情報サイトがあります。大手企業が運営する大規模なサイトをはじめ、職種や募集地域に特化したサイト、外資系企業専門サイト、中小企業専門サイト、学生専用サイト、外国人専門のサイトなどがあります。サイトによって、読者の国籍や職種、年齢に違いがあります。最近では、クリック単価型の求人情報サイトも出てきました。自社の求人情報がクリックされたら、つまり、自社の求人情報が見られたら費用が発生するという仕組みです。業種によりますが、1クリック10円程度で掲載できる場合もあります。1000人にリーチしたとしても1万円ですから、使い方によっては、かなり効果的な媒体になるかもしれません。

●外国語雑誌・フリーペーパー

首都圏や関西圏、名古屋などの都市部では、さまざまな外国語雑誌やフリーペーパーがあります。特定の言語で掲載することで、その言語圏の人に広く周知できます。また、高い日本語能力を求める企業であれば、あえて日本語のみで求人情報を掲載してもよいでしょう。

第4章

優秀な外国人を見抜くための書類選考

書類選考や筆記試験で日本語能力を正確に把握する方法

▼日本語資格の有無を確認する

外国人応募者の日本語の能力を正確に把握するためには、**理解力**（ヒアリング力）、**会話力**、**読解力**、**筆記力**に分けて考える必要があります。特に欧米人に多いのですが、日本語の理解力と会話力は非常に高いのに、読み書きは全くできないということもあります。反対に日本語の読み書きができる欧米人はほぼ間違いなく、会話力も高いのです。

一方、中国人や台湾人の場合、日本語の読み書きは大学生レベルと高いのに、会話力が低い場合があります。筆記試験である日本語能力試験N１を持っていても、ビジネスレベルでは通用しない会話力の人も少なくありません。

書類選考だけで応募者の会話力を判断するのは難しいのですが、日本語の読解力と筆記力については、かなり正確な判断が可能です。まず、**何らかの日本語資格を持っている場合は、必ず履歴書に記載**してもらうようにしましょう。もし可能なら、資格の合格証のコピーを履歴書と一緒に送ってもらうとよいでしょう。現在、日本語を学ぶ外国人の間で広く普及している日本語資格には、以下のようなものがあります。

試験名	試験の内容	認定
日本語能力試験	日本語の文字や語彙、文法についてどのくらい知っているか、ということだけでなく、その知識を利用してコミュニケーション上の課題を遂行できるか、という力を見る試験。 試験は、「言語知識（文字・語彙・文法）」「読解」「聴解」という要素で構成され、すべてマークシート方式。	認定は、N1～N5と5段階に分かれており、N1が最高。
実用日本語検定 （J.TEST）	日本語能力を測る試験で、中級～上級者向けの「A-Dレベル試験」と初級者向けの「E-Fレベル試験」、ビジネス向けの「ビジネス試験」に分かれている。 いずれも「読解試験」と「聴解試験」で構成され、選択問題だけでなく、記述式の問題もある。	「A-Dレベル試験」での認定は、特A～D級の8段階に分かれており、特Aが最高。 日本語能力試験のレベルと比較すると、C級～準B級が日本語能力試験のN1に当たるとされる。 （実用日本語検定 公式ウェブサイトより）
BJT ビジネス日本語能力テスト	言葉によるコミュニケーションだけでなく、メール、FAXなどの文章や図表、写真など、与えられたすべての情報を用いて、日本語を理解、運用し、ビジネス上の課題に対して適切に対応する力を見る試験。 試験は、「聴解テスト」「聴読解テスト」「読解テスト」で構成され、すべて4択。	認定は、J1+～J5までの6段階に分かれており、J1+が最高。日本語能力試験のN1合格者でも、BJTスコアはJ3～J1+まで広く分布しており、ビジネス場面における日本語能力には差があることがわかる。 （BJTビジネス日本語能力テスト 公式ウェブサイトより）
グローバル人材 ビジネス実務検定	この人と一緒に働きたいと思わせる「接遇力」、この人に仕事を任せたいと思わせる「ビジネス基礎力」を判定する試験。 試験はすべてマークシート方式で、問題は公式テキストから出題される。	認定は、1～4級の4段階に分かれており、1級が最高。

この中で最も有名なのは**日本語能力試験**ですが、年に2回しか実施していないため、受験のタイミングを逃してしまう外国人も多くいるでしょう。また、**実用日本語検定（J・TEST）**も有名です。20年以上の実績があり、信頼性が高い試験となっています。

それ以外にも一般的な日本語能力だけでなく、ビジネスに特化した試験もあります。一つは、公益財団法人日本漢字能力検定協会が実施している**BJTビジネス日本語能力テスト**です。前述した日本語能力試験よりも難易度が高く、ビジネスで使える日本語能力を考査する試験です。

また、最近注目されている資格として、**グローバル人材ビジネス実務検定**があります。先ほど述べた日本語の理解力（ヒアリング力）、会話力、読解力、筆記力の4つの能力だけでなく、日本の組織で活躍するための「接遇力」「ビジネス基礎力」を総合的に判定できるテストです。判定結果はわかりやすいグラフで表示され、一目でその人の日本語の総合力がわかるように工夫されています。

その他、漢字検定やビジネス文書検定などの資格も、日本語能力を知る材料になります。書類選考では、こうした資格を持っているかどうかを必ず確認しましょう。

▼外国人の日本語能力を知るための筆記試験

外国人の応募者に対して筆記試験をする場合、日本人向けに用意されている筆記試験では難しすぎることがあります。それらは日本人を想定して試験問題が作られているからです。

ですから、外国人応募者に対しては、外国人向けの筆記試験を導入すべきです。そもそも完璧な日本語を求められる仕事であれば、日本人を採用すべきでしょう。**外国人には、ネイティブの日本人に比べてどうしても劣ってしまう日本語能力を、カバーできるだけの資質や能力があります。**そのことを踏まえて筆記試験を行ってください。

最近では、外国人向けの筆記試験問題を提供する会社も出てきました。ただ、費用もそれなりにかかるため、自社で作成してもよいでしょう。

ちなみに著者の事務所では面接時に簡単なアンケートと筆記試験を兼ねた書類を渡して記入してもらっています。最初は分量の多い筆記試験を課していたのですが、応募者が疲れてしまったことがあったので、今では10分程度で回答できる簡単なものにしています。筆記試験では、簡単な文章を書いてもらっています。たとえば次のような内容です。

・あなたの出身国の良いところを300字程度で書いてください
・日本人で一番親しい友達について他己紹介してください（氏名などの個人情報は不要）
・卒業論文のサマリーを書いてください
・「ランドセル」「披露宴」「香典」の意味を書いてください

この筆記試験では、応募者の能力だけでなく、意外な一面を見られることもあります。たとえば、筋骨隆々、「細かいことは気にしないぜ」というタイプに見えるインド人男性が応募に来られた際、非常に丁寧な字で回答されていたので、びっくりしたことがあります。また、非常にはきはきした明るい外国人女性が面接に来られた時に、字が汚すぎて読めなかったこともありました。

日本語学校、専門学校、大学には、留学生のランクがある？

▼ある意味、学校のランクは存在する

いろいろな書籍や雑誌で、大学や専門学校のランキングが出ています。これらは主に、卒業した日本人学生の優秀さを、さまざまな要素から分析したものです。

こうしたランキングの上位に入る学校であれば、一部の例外を除き、外国人留学生も相当優秀です。特に大学はそうですね。日本人でも難しいとされる大学に入学して卒業しているわけですから、日本語学校時代から相応の努力を続けてきたことの裏付けでもあります。

現在、日本国内には、外国人留学生の数が日本人学生の数よりも多い学校が相当あります。外国の大学の日本校や、世界中から優秀な学生を集めて高度なグローバル教育を提供

している大学もありますが、実はこうした学校以外に、学生の9割以上が外国人留学生という学校が存在するのです。

そのような外国人留学生が大半を占める学校の中には、学級崩壊という問題を抱えているところもあります（あくまで一部の学校ですが）。学級崩壊とは、授業が成立せず、先生は一方的に話しているだけ、学生は好きなことをやっているという状態です。さすがに授業に出ていないのに出席扱いにしている学校はあまり聞いたことがありませんが、授業に出てさえいれば出席扱いにして、教科書も試験もなく、その代わりに学生のノートを回収して何か書いてあればそれなりの成績をつける、という学校もあるようです。

そうした学校の卒業生は、面接である程度見抜けます。学校で何を学んだか聞いても答えられないからです。これは日本語能力の問題ではありません。授業を聞いていないから、あるいは教科書も試験もないから、何を勉強したのかを留学生自身が把握していないのです。最近では、当局の厳しい指導もあり、学校側が自主的に実態調査をして改善するよう努めているところもありますので、一概に悪いとは言えませんが、こうした問題があるのは事実です。

▼日本語学校、専門学校の出席率80%は優秀か？

日本語学校や一部の専門学校では、卒業生や在学生に対して、出席率証明書を発行しています。これらの書類は、主に留学ビザから就労ビザへの変更時に入国管理局に提出するために用いられますが、留学生の勤勉性を測る上でも参考になります。

外国人の間では、「出席率70%以上あれば問題ない」とか、「いや、60%でも大丈夫だよ」とか、いろいろな噂があるようです。多くの外国人が、出席率80%以上あれば、ビザの更新や変更には影響ないと考えているようです。しかし、ちょっと考えてみると、出席率80%というのは、月曜日から金曜日まで授業があったとしたら、1週間に1日は必ず休んでいる状態です。果たしてこれで全く問題ないと言えるでしょうか。

本当に優秀で勤勉な外国人学生は、休むとしても月に1回程度です。日本人学生も同様ですね。出席率にすると95%以上になります。中には、2年間100%の出席率をキープした外国人学生も多くいます。一方で、真面目そうに見えても、ほとんど学校に行っていなかった留学生も少なからずいます。もちろん、学校の出席率や成績がすべてではありませんが、外国人の場合、就労ビザを取らなければ働けないという問題があります。就労ビザの審査では、かなりの確率で学校の出席率を見られます。出席率があまりにも低い場合、これまでの在留状況が不良と判断され、就労ビザが許可されない可能性も高いのです。せっかく苦労して採用したのに入社できない、という状況を避けるためにも、学校の出席率を確認するようにしてください。

もちろんビザの審査では学校の成績も見られます。平均以上の成績であれば大きな問題はありませんが、ほとんど全ての科目でC評価（悪い評価）となっている場合、就労ビザの審査が厳しくなる傾向があります。**学校できちんと勉強してきたのかどうかは、ビザの審査結果を左右しますから、学校の成績だけでなく、出席率、また何を勉強したのかしっかり答えられるかどうかを確認しておくべきでしょう。**

母国の学歴はどの程度信頼できる？

▼学歴や学位を正確に把握すべき理由

最近、応募者の学歴や学位を気にしない企業が増えてきました。日本人学生であれば、全く問題ないでしょう。有名大学卒業者ではなくても、大卒学位がなくても、優秀な人はたくさんいるからです。

しかし、外国人が日本で働くためには、原則として、就労ビザを取る必要があります。その就労ビザの大きな要件の中に「大学を卒業していること、もしくはそれと同等以上の教育を受けていること」という文言があるのです。

日本の大学や専門学校を卒業しているのであれば、学歴の判断は難しくありません。しかし、日本の大学や専門学校を卒業していない人を採用する際には、注意が必要です。本人が「私は母国で大学を卒業しています。卒業証明書も持っています」と言っていても、それをそのまま信用して働かせていると、不法就労になるリスクがありますので、きちんと確認するようにしましょう。

日本と海外では教育制度が異なります。一例をあげると、日本の大学は4年制ですが、中国では3年制（専科）と4年制（本科）があります。また、フランスの大学は3年制で、世界で広く周知された学位である学士（Bachelor's Degree）以外に、BTSやDUTなどの学位があります。

また、日本で高等教育機関と言えば、大学院、大学、短期大学、高等専門学校だけですが、海外ではさまざまな高等教育機関があります。日本語に訳せるものだけでも、専門大学、研究機構、高等職業学校、職業大学などがあります。これらすべてが、日本の大学相当と判断されるわけではありません。

実際、就労ビザ申請時には、本人から提出された海外大学の卒業証明書とその和訳を出すだけでは不十分なことが多くあります。**その学校が母国の教育省からどのように位置づけられており、どのような学位が授与されているのかを複数の書類で説明、証明す**

ることが求められます。実際、次の学校を卒業されている外国人の就労ビザ申請の際には、学校に関する調査説明資料が求められました。

- **中国の本科大学・専科大学**
- **台湾の高等専門学校**
- **フランスのBTS**
- **カナダ・ケベック州のCEGEP**
- **インドネシアのInstitute**

▼世界の通信制大学事情

最近、日本でも海外でも、インターネットやテレビ、ラジオなどを活用して大学の勉強ができる制度が整備されてきています。日本の通信制大学や放送大学では、原則、単位の4分の1以上はスクーリングやオンラインで受講する必要があります。そして、単位毎にレポートを提出し、単位修得試験があることが多いです。単位修得試験では、厳格な本人確認が行われ、替玉受験はできません。

しかし、海外の通信制大学の状況はさまざまです。日本以上に厳しい単位修得条件がある場合もありますし、すべての単位がインターネット上の簡単な質問に回答するだけで修得できる場合もあります。本人確認さえ行われず、優秀な在学生にお金を払って代わりに受験してもらうこともあるようです。

こうした学校の情報は、やはりインターネットである程度調査できます。学校名で検索しても上位に出てこない、そもそも学校のウェブサイトが存在しない。そんなこともよくあります。こうした学校の卒業証明書があっても、就労ビザが取れる可能性は低いです。

学歴や学位で応募者を選定することに、心理的に抵抗がある方もいると思うのですが、就労ビザという制度がある以上、外国人応募者の学歴や学位については慎重に審査してください。

コラム

3

中国・ベトナムの高等教育制度について

中国の高等教育制度は非常に複雑です。大学の呼称には、学院、大専、本科、専科、職業大学などがあります。その学校が日本の大学相当に該当するのかどうかを判断するためには、学士学位証明書、もしくは卒業証書に書いてある文言をチェックしてください。まず、学士学位証明書を保有している場合は、大学相当と判断されます。問題は、学士学位証明書がない場合です。この場合、**卒業証書に「普通高等学校」という記載があれば、原則、大学相当と判断されます。**それに対して「成人教育」という記載の場合、原則、大学相当とは判断されません。

ベトナムの教育制度は、日本と似ています。小中学校で9年間、高等学校で3年間学びます。高校卒業後の主な進路は、大学、短期大学（3年制）、専門学校（1～3年制）です。原則、飛び級はありません。

学位については次のとおりです。**現状、これらの学位を持っていれば、日本の大学、短期大学と同等の扱いとなっています。**

- Dai Hoc（文系の学士）
- KY SU（理系の学士）
- Cao Dang（準学士）

第5章

優秀な外国人にYESと言ってもらうための面接

さて、書類選考の次のステップは面接です。面接は直接応募者と話ができる機会ですから、書類上だけではわからなかったことを確認することができます。外国人採用では、**日本語能力や、日本独特のマナー、習慣に理解があるかどうかを見極めるのも重要です。**また、応募者にとっては、母国語以外の言語で面接をするわけですから、採用する側は日本人を面接する時以上に、慎重にコミュニケーション力を見る必要もあります。

面接では、会社が応募者を見極める一方で、応募者もまた会社を見極めています。優秀な人材を見抜くことはもちろん、**採用したいと思った応募者に対して、いかに自社をアピールできるのかもポイントです。**本章では、こうした外国人採用ならではの面接のコツについてお話ししていきます。

外国人の応募者を惹き付ける口説き方

▼採用は営業である

応募者を増やすために、多大な労力とコストを注入しても、面接官の口説き方が下手だと、優秀な外国人応募者は逃げてしまいます。

求人サイト大手のリクルートグループにおいて伝説となっている採用の口説き文句があります。最終面接で面接官はこう言ったそうです。

「事業を興した人を取材するより、事業を興して取材される人になりたいと思わないか」

日本人なら、「いえいえ、自分はそんな器じゃありません。それよりも組織の中で自分の役割をしっかりと全うしていきたいです」と謙遜する人もいるでしょう。ですが、外国人はこんな言葉をかけられるのが大好きです。全員がそうとは限りませんが、特に欧米人や中国人にこの言葉をかければ、入社したいという気持ちが高まるでしょう。多くの外国人は、一般的な日本人よりも自分に自信を持っています。その自信をくすぐってあげることが、効果的な口説きになります。

たとえば「あなたの○○という点を高く評価させていただきました。ぜひその能力を弊社の仕事で発揮してほしいと思います」と誠意を持って伝えてみてください。この○○の部分をできるだけ具体的に伝えることがポイントです。

回りくどい褒め言葉では、真意が伝わらない時があります。**絶対にほしいと思った応募者に対しては、ストレートに「あなたのような方にぜひ入社してほしい」と伝えるのがよいでしょう。**

それから、**応募者に対して「感謝」の気持ちを表すことも重要です。**ここで、あるドイツ人の女性の話をしたいと思います。彼女は母国で大学院を卒業した後、母国の政府系機関で数年勤務し、日本人男性と結婚しました。そして、日本で一年ほど暮らしています。非常に聡明で明るい女性であり、日本語も堪能です。日本語が堪能すぎて、応募の電話の段階では、彼女が外国人だと気付かれなかったそうです。日本人と結婚しているので、苗字が日本名だったということもありました。

彼女は面接のために会社を訪問し、社長や人事部長と会いました。すると、彼女が外国人であることに非常に驚かれただけでなく「うちでは外国人を採用したことがない。外国人の応募は想定していなかった」と言われ、少し迷惑そうにされました。彼女は、非常に落ち込みました。人生初の挫折と言えるくらい落ち込んだそうです。

彼女は、2社目の面接に行った際、また前回と同じ対応を受けるのではないかと心配したそうです。しかし、それは杞憂に終わりました。その会社の面接官は、面接を始める前に、当社に興味を持ってくれたこと、そしてわざわざ時間をかけて面接に来てくれたことに対して感謝の言葉を述べたそうです。気持ちのこもった言葉でした。その言葉のおかげで、彼女は落ち着いて面接に臨むことができ、本来の実力も発揮し、後日採用が決まりました。優秀な方でしたので、3社目、4社目、5社目も採用通知が来ます。合計7社受けて、最初の1社以外、すべて採用通知が来ました。

条件的には有利な会社がいくつもありました。しかし彼女は、面接官の対応が素晴らしかった2社目を選びました。**自分を本当に必要としてくれる会社、そして人を大切にする会社だと感じたから**だそうです。

▼外国人応募者の不安を払拭するためにできること

多くの外国人にとって、日本の会社で働くことは初めての経験です。ですから、面接ではとても緊張しています。内定がほぼ決まりかけていたとしても、いろいろな不安を抱えています。たとえば、次のような不安です。

・社長と人事担当者にしか会っていないけれど、実際に上司になる人や先輩はどんな人なんだろう？

・求人情報に書いてある内容は本当に正しいのだろうか？

こうした不安を払拭するために、最終面接では、実際に配属になる予定の部署の上司や先輩社員にも登場してもらうことをおすすめします。それだけで、応募者はかなり安心します。もちろん、登場する上司や先輩社員は魅力的な人を選んでくださいね。

優秀な人材を見抜くために、面接で聞くべきこと

▼質問はできるだけ具体的に

面接では相手の仕事の能力を確認することも大切です。ただし、その際には質問の仕方に注意が必要です。たとえば「パワーポイントは使えますか？」という質問。このように聞けば、多くの外国人は「はい、できます」と答えます。「できる」の基準は人によってかなり違うため、できると言っているけれど、実際には全然できないことはよくあります。

ですから、パワーポイントの操作能力を確認したいのであれば、優秀な人が30分程度で作成できるような簡単な資料を見せて「この資料、あなたはパワーポイントを使ってどれくらいの時間があれば作成できますか？」と聞いてみるとよいでしょう。

また、営業の採用であれば「商品、会社のブランド、営業担当者のうち、営業にとって

一番大切なことはどれですか?」といった質問もよいですね。それによって、営業に対する考え方や仕事ぶりを知ることができるからです。

また、パソコンの操作は日本語なのか、母国語なのかも確認したほうがよいでしょう。パソコン操作に問題はありませんと言われて安心していたら、日本語での操作はやったことがないという応募者もいました。

▼母国語が同じ先輩社員がいれば、面接に同席してもらう

応募者にとって、日本語は外国語です。いくら日本語が上手だったとしても自分の意見を完全に表現できない場合が多くあります。また、日本語だけを使うと教科書どおりの答えしか返ってこない場合もあります。**応募者の本音を聞くためには、母国語でも質問したほうが確実です。**

そのために、もし同じ母国語を話す社員がいれば、面接に同席してもらい、母国語での会話もしてもらいましょう。母国語だからこそ聞き出せることがあるかもしれません。

また、国によっては、地域ごとに使う言語が分かれていたり、標準語と方言の乖離《かいり》が大

きかったりするところがあります。その国の企業とやり取りをする時、標準語を話せないと不利になったり、相手から軽んじられたりすることもあるので、標準語が話せるかどうかは確認したいところです。一般的に、中国では師範大学など教員養成大学を卒業している場合、大学で標準語を学ぶため、きれいな標準語を話せる人が多いようです。またネパール人は、教育学部を卒業していると、きれいな英語を話せると言われています。このように、ある程度学歴で判断することもできるのですが、やはり母国語が同じ社員と話してもらうことが最善策でしょう。

▼日本語の能力は面接でも確認しよう

まず、総合的な日本語能力については、書類選考では正確に判断できませんので、面接でしっかりと確認してください。日本語の能力を示す資格を持っている場合、読解力と筆記力に関してはその保有している資格である程度判断ができますが、これはあくまで試験です。実際のコミュニケーションの場でうまく対応できるのかというところは、面接で見極める必要があります。以前採用した外国人で、日本語能力試験のN1を取得している応募者だったため、日本語能力について安心していたところ、実際業務が始まってみると理解力（ヒアリング力）がないと判明したことがありました。これは面接時に確認しておくべきことだったと思います。

また、可能であれば、日本語の読解力と筆記力についても、補足的に面接で確認するとよいでしょう。著者の事務所では、面接で簡単な書類を渡し、その中からいくつか質問をして、正確に読み取れているか確認しています。筆記試験では優秀な成績であっても、その場で質問をすると回答できなかった応募者もいました。また、その逆もありました。

▼意外な経験、スキル、人脈を聞き出す

職歴がある外国人の場合、その職歴について詳しく確認しましょう。特に母国での職歴を聞くと、意外な経験、スキル、人脈を持っているとわかることもあります。

人脈については、こんな事例もありました。あるネットゲーム開発を行う会社では、日本のアニメキャラクターを使ったゲームを中国向けにローカライズ（翻訳および現地向け

の仕様変更等）をして販売したいと考え、翻訳者として中国人を募集しました。当初、自社でローカライズまで行い、中国での販売は専門商社に委託しようと考えていたそうです。しかし、中国人留学生を数名面接していく中で、ある応募者の親戚にゲーム会社の社長がいることが判明しました。この会社では、この応募者を採用することにより、直接中国向けに輸出することができ、会社の売上と利益増大につながったそうです。こうした情報は、面接でないとなかなか聞き出せません。

面接で気を付けること

外国人採用時の面接では一体どんなことに気を付けるべきなのでしょうか。ほとんどは、日本人の面接をする際にも共通して言えることですが、外国人相手だからこそ、ふだんより慎重になるべきことをあげていきます。

▼宗教、人種、政治、思想、信条などについて聞くのはタブー

宗教、人種、政治に関する質問は避けましょう。外国人の場合、宗教、人種、民族に関する意識が日本人と比べてとても強い傾向があります。人によっては、自分の国や民族、宗教を侮辱されたと受け取る人もいますので、十分注意しましょう。

また、思想や信条を理由にして不採用とすることは、就職差別と判断される可能性があります。あまり厳密に適用されてはいませんが、職業安定法にも明記されています。

購読している新聞、愛読書、趣味、尊敬している人物などを聞くことも、思想・信条に

触れる可能性があるので、やめておいたほうがいいでしょう。

ある会社では、一人の中国人を面接したところ、非常に優秀だったため、面接官はぜひ入社してほしいと思ったそうです。そこでその面接官は、「自分は中国のことをよく知っているよ」と、その中国人に寄り添おうとしたのでしょうか、中国で起こったある事件について持論を展開したのです。するとその応募者は、その後内定を辞退してしまいました。理由は、一方的な持論を聞かされ不快に思った、ということでした。中途半端な知識で知ったかぶりをすると、このように相手を不快にさせることもあるので、注意が必要です。

▼交際、結婚、出産についての質問もNG

「今、交際している人はいるか」「結婚の予定はあるか」「出産の予定はあるか」「出産したらどうするのか」という類の質問も避けましょう。これらの事項は、男女雇用機会均等法に抵触する可能性、セクハラに該当する可能性も否定できません。

これらのことは、外国人に限らず、日本人の面接の際にも注意が必要な点です。場合によっては、労働基準監督署に通報される可能性もあります。そうなったら、会社が被るダメージは計り知れません。採用面接は、応募者側の人柄や性格、想いなどを把握する絶好の機会ではありますが、優秀な人材を採用したいと思うあまりに、聞いてはいけないとされている事柄にまで触れてしまうことのないように気を付けましょう。

▼面接では敬語で話す

応募者の外国人が面接官よりかなり年下だったり、日本語があまり上手ではない外国人だったりすると、どうしても、くだけた話し方になりがちです。いわゆる「ため口」です。ある程度親しくなってくれば問題ないとは思うのですが、まだそれほど親しくなっていない場合は、敬語で話しましょう。

面接官が丁寧な言葉で話すと、外国人は自分のことを尊重してくれているという安心感を持てます。そして、その安心感が信頼につながります。

これは、人材紹介会社を通した場合にも応用できます。会社によっては、面接官と応募者本人、そして人材紹介会社の担当者で三者面談のようなことをする場合があります。その時、面接官が人材紹介会社の担当者に対して丁寧な言葉で話していると、外国人応募者は、きちんとした会社だな、という印象を持ちます。反対に、会社側が人材紹介会社を下請け業者であるかのように扱って、大きな態度で接していると、外国人応募者はあまり良い印象を持ちません。

また、会社の事務員に対しての接し方も大事です。先日、ある会社の面接に同席したのですが、面接官が事務の男性に対して、「おい、○○」と敬称なしで呼びつけ、「これ、コピー取れ、2部」と指示を出していました。おそらく部下か後輩なのでしょうが、事務の男性のほうが年上に見えました。こういう姿を見せると、優秀な人材ほど逃げてしまいます。

互いのミスマッチを防ぐため、面接時に必ず確認するべきこと

▼大手企業経験者に確認すること

外国人を初めて採用する企業の9割は中小企業です。中には、社長と事務員一人だけしかいないような会社もあるでしょう。こうした会社の場合、採用された外国人も、自分の仕事だけやっていればよい、というわけにはいきませんし、職場環境も大企業とは違うでしょう。パソコンが壊れたら自分でコールセンターに電話して直す、電球が切れたら自分で買ってくる、トイレ掃除も自分でやる、トイレは男女共用、安くておいしい社員食堂があるわけではない、福利厚生施設もない、会社から携帯電話を支給されることも少ない、交通費など多少の経費の立替は発生する、など他にもたくさんあります。

こうした事情や職場環境については、事前に説明してください。中小企業での仕事につ

いてどんなイメージを持っているか聞いてみて、それが現実とかけ離れているようなら、入社してもすぐに辞めてしまう可能性があるからです。

▼母国で同業種の経験があるからといって仕事ができるとは限らない

全員がそうではないと思いますが、母国で同業種の勤務経験があるからといって、その仕事に精通しているわけではないことがあります。ある自動車部品の輸出会社が外国人を募集した時、マレーシアで自動車輸出の大手企業で勤めた経験のある外国人が応募してきました。面接で再確認したところ、約3年間の実務経験があるとのことで、社長は安心して採用しました。

しかし、入社してみて、彼がインボイス（出荷伝票）の作成しかできず、部品の名前はわかっていても、それが自動車のどの部分に使われていて、どのような機能を持つ部品なのか全く理解していないことが判明しました。彼は、母国の大手企業で一日中、ひたすらインボイスの作成に従事していたそうです。だから自動車部品の名前は千種類以上知っているのですが、実際の部品をほとんど見たことがないとのことでした。

日本の中小企業では、社員一人一人の守備範囲が広く、仕事の応用力や柔軟な対応が求められることがよくあります。**母国で同業種の仕事をしていたと言っても、それがどの程度のものなのか、しっかりと確認する必要があります。**

▼健康状態の聞き方

面接等で応募者の健康状態を確認することについては、次のような定めがあります。

労働安全衛生規則において、健康診断項目の中に「既往歴および業務歴の調査」があげられており、使用者は、労働者の安全確保のために、既往歴を確認する義務があり、適切な措置を講じなければならないとされています。一方、労働基準監督署に確認したところ「合理的・客観的に必要性が認められない場合、採用選考時の健康診断の実施は差し控えることが望ましい」とのことでした。

こうした事情があるため、外国人を採用する多くの企業では、面接で自己申告シートに記入をお願いしています。これは強制ではなく、あくまで、採用が決まった場合、入社後に企業側が社員の健康面を配慮することが目的です。たとえば、このような内容の自己申告シートを作成するとよいでしょう。

【自己申告シートの例】

（1）今日までの主な既往症（身体、精神疾患等）を記載してください（※ない場合は「なし」と記入）

・それに伴う、欠勤は何日ほどありましたか？（年次有給休暇含む）

（2）現在、就労上で配慮すべき健康上の病気（身体、精神疾患等）はありますか？

・ある場合は、どんなことですか？

・また、企業側が配慮すべきことを教えてください

外国人採用に適性検査は有効か？

▼外国人だからこそ、適性検査を導入すべき

新入社員の採用面接でよく利用される適性検査。これは、基本的な日本語能力、暗算力、判断力、企画力、コミュニケーション力、忍耐力、リーダーシップ力など、さまざまな能力を測ることができる検査です。外国人採用においては、日本語能力、コミュニケーション力、忍耐力などに注目してみてください。面接では、流暢に日本語を話せているという印象があったとしても、適性検査では、日本語能力が弱いと判断されることもよくあります。会話力があっても、読解力がない場合に、こうしたことが起こります。

反対に、面接ではわからなかった隠れた能力を発見できることもあります。適性検査のウェブサービスを提供している会社の方に聞いたところ、40代の仕事のできる管理職が新入社員向けの適性検査を受けると、だいたいビジネス戦闘力が満点に近くなるそうです。さすがに新入社員にそこまで求めるのは酷ですが、優秀な人なら満点近くになるかもしれ

ません。**一次面接では評価が低くても、適性検査で高得点が出ている場合、二次面接に進めたほうがよいです。隠れた優秀な人材を発掘できる可能性があります。**

ここで一つの事例を紹介します。ある旅行会社が、ネパール人の応募者を面接しました。面接官の評価は「可もなし不可もなし。日本語も英語も普通に話せて、礼儀正しく、協調性も向上心もありそう。でも何かに秀でているわけでもない。本人に強みを聞いても、特筆すべき回答はなかった」というものでした。しかし、面接の後に適性検査を受けてもらったところ、暗算力と企画力がかなりの高得点になっていました。どちらも旅行会社では重宝される能力です。暗算力があると、航空券、ホテル、オプショナルツアー等の合計額をすぐに計算できますし、企画力はツアーを企画する時に役立ちます。

二次面接でこの点を本人に聞いたところ、本人には暗算力が特に優れているという自覚はなく、日本に留学するレベルのネパール人は皆これくらいの暗算力は備えているとのことでした。また、企画力についても、アイデアを出すことは大好きなのだが、面接で自慢げに自分のアイデアを発表したりするのは抵抗があったとのことでした。

また、**適性検査では、能力だけでなく、性格的な要素も診断できます。**明るさ、協調性、柔軟性などです。こうした要素も面接の印象と異なることがあります。

もちろん、面接官の直感も大切です。特に、社長面接の場合、社長の人を見る目というのは侮れません。しかし、相手は外国人です。生まれた環境も育った環境も日本人とは大きく異なります。社長の長年の人生経験だけでは推し測れない隠れた資質や能力を客観的に知るためにも、適性検査の導入をおすすめします。

▼わずかな費用で採用の失敗を防げるスカウター

とはいえ、適性検査を導入するとなると、やはり気になるのがコストです。そこで、おすすめなのが**「スカウター」**というサービスです。一般的な適性検査のように、応募者の能力や資質を調べることができるサービスなのですが、主に**中小企業向けに作られているため、費用が安く、また受検後リアルタイムに結果を確認できる**というメリットがあります。

ちなみに、スカウターと一般的な適性検査では何が違うのか、次の比較表を見てみましょう。

	一般的な他社適性検査の場合	スカウターの場合
価格	・能力検査: 1名あたり500〜2000円程度 ・適性検査: 1名あたり2000〜6000円程度	・能力検査: 無料 ※能力検査(学力検査)だけの利用も可能 ・資質検査: 1名あたり800円 (外税) ・精神分析: 1名あたり500円 (外税) ・定着検査: 1名あたり500円 (外税) ※ボリュームディスカウント利用で、最大70%割引。さらに安く1名150円 (外税) から利用可 ※他の適性検査と比べた場合、約75%〜98%のコストダウン
利用者	主に中堅企業〜大企業	主に中小企業
用途・目的	・採用時の優秀な人材の見極めとして ・社員の配属決定の参考資料として	・人材採用で失敗しないために、定着しない、成長しない、がんばらないといった不適性人材の見極めとして ・精神面の問題を採用前に検知し、入社後の各種トラブル発生率を低減するため ・人材の定着率 (離職率) 改善の人物評価ツールとして ・人材の活用方法の参考資料として
受検方法	・WEB受検 (別料金がかかる場合がある) ・紙冊子受検 (マークシート方式)	・WEB受検 (別料金は不要) ・紙冊子受検/管理画面で手入力 ・紙冊子受検/マークシート回答
結果の返却時期	翌営業日〜翌々営業日 ※WEB受検の場合は、当日返却の会社もある	即時(リアルタイム) 受検完了後、すぐに管理画面上で結果確認ができる ※マークシートの場合、郵送時間のタイムラグが発生します
受検の手配	その都度、担当の営業窓口やサポートセンターへ依頼	専用管理画面からいつでも必要なタイミングで適性検査を手配可能
手配可能な営業時間	一般的には、土日祝日を除く、平日営業日の営業時間内 (おおむね9時〜18時)	クラウド型サービスなので、24時間365日、いつでも管理画面上から手配可能

出典:不適性検査スカウター® ウェブサイトより

だいたい一名あたり、数百円から、高くても三千円程度で導入でき、ドラゴンボールに出てくるスカウターのように相手（応募者）のビジネス戦闘力を数秒から数分で判断してくれるのです。わずかな費用と時間で、多様なデータを出してくれるのですから、利用しない手はありません。スカウターについての情報は、ウェブサイト（https://scouter.transition.jp/）から見ることができます。

また、どうしても適性検査に抵抗がある場合には、前述のような自作の筆記試験を用意して受けてもらうのもよいでしょう。著者の事務所でも、初めての外国人採用の時には自作の筆記試験を用意しました。いきなり「適性検査を受けてください」と言うと応募者がびっくりすると思ったからです。自作ですので、要素ごとに点数は出ませんし、グラフで出力されるわけではありません。でも、**面接では聞きにくかったこと、面接だけではわからなかったことを知ることができ、優秀な人材の採用につながりました。**

コラム

4

外国人が迷わない会社へのアクセス案内

Googleマップへの登録は必須

お客様の会社を訪問する時、最寄り駅からＧｏｏｇｌｅマップを使って道順を確認している方は多いと思います。私もいつもＧｏｏｇｌｅマップを利用しています。先日、うちの20代のスタッフに、事務所から１００メートル先の会社におつかいを頼む時、口頭で道順を説明していたら、「住所を教えてください。私、Ｇｏｏｇｌｅマップがないと道に迷うんです」と言われてしまいました。「いや、１００メートル先だよ。ちょっと曲がったところにあるけど」と返してみたのですが、それでも、「いえ、私、Ｇｏｏｇｌｅマップがないとダメなんです。Ｇｏｏｇｌｅと結婚したいくらいなんです！」と言われました。時代は変わりましたね。

話がそれてしまいましたが、Ｇｏｏｇｌｅマップはそれだけ便利だということです。自社のウェブサイトに、最寄り駅からの道順を写真付きで載せるより、Ｇｏｏｇｌｅマップに自社の住所を登録しておいたほうが、来社するお客様や面接にやって来る応募者にとってわかりやすいのではないかと思います。自社のウェブサイトに「Ｇｏｏｇｌｅマップで会社名を検索すると出てきます」と書いておけばより親切ですね。

さて、そんなＧｏｏｇｌｅマップへの登録方法ですが、非常に簡単です。「Ｇｏｏｇｌｅマイビジネス」というサイトに行き、自社の住所を登録するだけです。5分もあれば設定できると思います。自社の建物の写真や、最寄り駅からの道順案内動画も投稿できます。さらに、口コミも投稿できるようになっています。応募者がＧｏｏｇｌｅマップでアクセス方法を調べる時、口コミも読む可能性があります。自作自演やサクラの口コミはいけませんが、きちんと名乗った上で口コミを投稿するのは構いません。社長自らのメッセージという形で、口コミを投稿することで、応募者へのメッセージにもなります。

第6章

外国人社員を戦力化する育成法

さて、ここからは外国人採用後の育成に関してお話ししていきましょう。外国人に限らず、採用したからには、社員には長く働いて活躍してほしいものです。とはいえ、日本人であっても、特に新卒の社員であれば、初めて働く職場、慣れない人間関係やビジネスルールなど、戸惑うことはたくさんあります。中途採用であっても、やはり新しい職場に慣れるには多少の時間がかかるものです。ましてや外国人社員であれば、日本人以上に不慣れな部分があったり、異文化の中で働くことの苦労があったりするのは当然です。ですから、社内での育成や外国人社員とのコミュニケーションがとても重要になるのです。

では、一体どんな育成をすればうまくいくのでしょう。また、コミュニケーションで重視するべきことは何でしょうか。本章では、採用後に外国人社員を戦力化する方法について紹介していきます。

外国人の価値観を知ろう

▼石の上に三年もいない

いきなり退職の話をするのは少し気が引けますが、外国人に限らず、社員が退職する理由は、大きく分けて2つあります。もっとスキルアップしたいといった積極的な理由と、仕事環境や人間関係が悪すぎるなどの消極的な理由です。通常、優秀な人材ほど積極的な理由で退職することが多く、そうでない人材は消極的な理由で退職することが多いようです。

ただ、日本人の場合、もっとスキルアップしたいと思っても、最低3年くらいは我慢する人が多いものです。「石の上にも三年」という諺《ことわざ》があるように、日本社会では3年以下の実務経験は評価されないことが多く、仕事が続かない人だというレッテルを貼られるリスクがあるからです。そして3年経ってこれ以上この会社では成長が望めないと考えたら、転職するか、それとも現状で妥協するかどちらかの選択をします。

しかし、**外国人には「石の上にも三年」という概念はありません。**そもそもこの有名な諺を知りません。ですから、もうこの会社では学ぶことがない、これ以上自分が成長できないと考えたら、見切りをつけるのが非常に早いです。また、もっと条件のいい職場が見つかった場合も、さっさと辞めてしまいます。それから、意外と盲点なのが、直属の上司に恵まれなかった場合です。日本人の場合、直属の上司に恵まれなくても、我慢するなり、妥協するなりして、すぐに会社を辞める人は少ないでしょう。ですが、**外国人社員の場合、直属の上司に恵まれないと、早々に辞める決断をする可能性があるのです。**優秀な外国人ほどその傾向にあります。

ですから、採用した外国人に長く働いて活躍してもらうには、**この会社には成長できるチャンスがたくさんあること、そしてそのための支援制度があることを明確に示すことが大切です。**また、この人からもっと学びたいと思うような上司がいれば、転職しません。外国人にとって、信頼できて、尊敬できる上司に日本で出会えることは貴重なことだからです。

▼考え方の違いを受け入れる

同じ日本人でも人によって考え方が違います。国が違えば、考え方の違いが大きくなるのは当然です。こうした考え方や国民性は、歴史の中で形成されていくものです。外国人社員のことを理解しようと思ったら、その人の国の歴史や政治背景について知りましょう。そうすることで、その国の人の考え方や行動の特徴がわかってくると思います。

ある会社の部長は、初めて中国人を採用することが決まった時、中国人の考え方、中国人とのビジネスで気を付けること、中国人と仲良くなる方法などが書かれた本を30冊読んだそうです。そして、中国人と結婚した人のブログを全ページ読み、中国人の経営する飲食店に何度か通い、そこの店長さんに中国人の考え方や対応についてレクチャーを受けました。この店長さんがなかなか優秀な方で、さすがに日本でお店を長年経営しているだけあって、中国人の採用と育成に役立つ生の情報をたくさん教えてくれたのだそうです。こうした部長の努力が実を結び、その会社の中国人採用は大成功しました。彼の部下となった中国人の新入社員は、めきめき実力を発揮し、今では課長にまで昇進しています。

もちろん、外国人社員の上司が皆、彼のように時間と労力を割けるわけではありませんが、**このように相手の国や文化について理解しようという意識は、常に持っておくようにしてください。**

また、外国人の考え方を理解した上で、どのように接するか臨機応変に対応できるとよいですね。指示の出し方、褒め方、叱るタイミングなど、日本人とは異なることを踏まえて、相手のプライドを傷つけない方法を習得していきましょう。昭和の時代にあったような、頭ごなしに怒鳴りつけるなどということはせず、相手の立場や気持ちにきちんと配慮したコミュニケーションを心がけてください。

外国人社員への指示は明確・具体的に

日本人同士のコミュニケーションでも、指示が不明確だったり抽象的だったりすると、発信者側と受信者側で理解にズレが生じて支障が出ることがあります。仕事ではこれが致命的になることも少なくありません。日本人と外国人のコミュニケーションでは、これがより顕著に表れると言えます。

▼日本語はどの国の言葉よりも難しい？

外国人が口をそろえて言うことの一つに**「日本語はどの国の言葉よりも難しい」**ということがあります。日本語は、ひらがな、カタカナ、漢字の3種類の文字を使用し、日本人でも間違える言葉があるくらいです。また、発音が同じでも意味が違う言葉も多くあり、その場合、状況に応じた正しい意味になるように解釈しなければいけません。日本人なら状況で判断できるものでも、外国人にはなかなかわからない言葉が多いようです。たとえば、次のような言葉は、外国人にとって、どちらの意味で受け取ればいいのか判断に困る例です。

①「**いって**」……「言って」なのか「行って」なのかがはっきりしない
②「**すみません**」……謝罪しているのか、人を呼び止めているのかがはっきりしない
③「**いいです**」……承諾しているのか、断っているのかがはっきりしない
④「**結構です**」……肯定しているのか、否定しているのかがはっきりしない

日本では、「空気を読む」「感じる」など、雰囲気から相手の気持ちや意見を推し測る文化があるのに対して、外国では、発言されないことは無いことと同じであるという文化があります。はっきりと断定的に言わなければ、どちらの意味なのか相手に伝わらないのです。ですから**「何となく伝わるだろう」という日本人の独特のコミュニケーションは避けて、外国人社員に対しては「はい」なのか「いいえ」なのか、受けるのか断るのかなど、明確な回答をしましょう。**

また、期限を伝える場合には、「何月何日何時まで」というように、誰が聞いても誤解しない言い方をしましょう。他にも、数字、人名、場所、時間など、明確にできるものはきちんと伝えることで、確実で誤解のないコミュニケーションがとれるようになります。

▼擬音語・擬態語が通用しない？

外国人にとって最も難しい日本語の一つに、擬音語・擬態語があります。たとえば「キラキラ」「ツルツル」など、日本人にとっては物事を表現するのにとても便利な言葉です。つい、「ツルツルした面を上にして置いておいて」などと言ってしまいがちですが、外国人への指示に使用するのはリスクがあるので気を付けましょう。

また、外国人の中には、こうした擬音語・擬態語を使われると「子ども扱いされているようだ」と不快に感じる人もいるようですので、そうした意図はないことを伝えるようにしましょう。

▼外国人が誤解しやすい日本語がある

また、日本人によくある曖昧な表現やへりくだった言い方は、外国人には通用しないことも多々あります。たとえば、「適宜」や「うまくやっておいて」などという言葉は、とんでもない意味に解釈されることもあります。これは実際に起こったことなのですが、他部署から移動してきた上司が、着任の挨拶をする時「右も左もわかりませんが……」という言葉を使ったところ、それを聞いた外国人社員は「今度の上司は左右がわからないのか。前後はわかるのかな?」と真剣に悩んでいたそうです。飲み会の席で誤解が解け、笑い話で済んだそうですが、誤解が解けるまでは、外国人社員は上司のことを少し軽く見ていたそうです。言葉の誤解は怖いですね。

社交辞令も外国人には通用しないと思ったほうがいいでしょう。たとえば、日本人が別れ際によく言う「何か困ったことがあればまた連絡してください」という言葉。日本人なら社交辞令として受け取るであろう言葉です。しかし、これを聞いたある外国人は本気で「困った時にはこの人に連絡してもいいんだ」と思い込んでしまい、業務とは関係ないことまでその人に携帯電話であれこれと聞いてしまったのです。電話を受けた日本人は「なぜそんなことまで私に聞くんだ!?」と怒り心頭でしたが、怒られた当の外国人は、なぜ怒られているのかがさっぱりわからなかったと言います。

コミュニケーションの行き違いと言えばそれまででしょうが、仕事上のトラブルに発展しかねません。曖昧なことは言わずにはっきりと言い切り、わかりやすい指示をするよう心がけましょう。

外国人社員の能力を伸ばすためにできること

▼外国人社員がどんどん伸びるキャリアパスの作り方

優秀な外国人社員は、仕事に対する意識が高く、常に成長を望みます。もし彼らが、「毎日決まった仕事の繰り返しで変化がない」と感じていたら、転職を考え始めます。決まった仕事の繰り返しという状態が一時的なものだったとしても、外国人社員はそのことをわかっていない場合も多いのです。

外国人社員にもっと成長してもらうためには、**明確なキャリアパスを作りましょう。**

キャリアパスといっても、ざっくりとしたものではダメです。入社1年目は仕事の流れを覚えて、3年以内に一通りできるようになって、5年目くらいにリーダーになってもらう。

外国人社員に対し、こうしたキャリアパスを描いている経営者は多いですが、これでは漠然としすぎていて、外国人社員は納得しません。これはキャリアパスではなく、単なるキャリアの目安に過ぎないからです。

外国人観光客の集客支援、つまりインバウンド支援事業を行っているA社では、新入社員に対し、次のようにキャリアパスを説明していました。「1年目は仕事の流れを覚えてもらうために、いろいろな仕事を幅広く経験する。2年目は先輩社員のもとで、先輩の仕事を補佐する。そして3年目に小規模案件のプロジェクトリーダーになってほしい」

これは一見、明確なキャリアパスに思われるかもしれません。しかし、A社では入社1年目に退職する外国人社員が続出しました。1年目の仕事が、旅行ガイドブックに書かれている文章をひたすら大量に翻訳するというものだったからです。

A社では、この事態を重くとらえ、キャリアパスの改善を行いました。**どのような仕事をどれくらいの期間担当し、どの程度の習熟レベルに達すればどう昇進できるのか、どんな権限が与えられるのか、具体的な数値も入れて、可能な限り今後のキャリアをイメージできるように工夫しました。**その結果、外国人社員が将来の目標に向けて意欲的に取り組むようになりました。また、A社ではこのキャリアパスを面接の時にも見せるようにしたそうです。そうすることで、**モチベーションの高い優秀な人材を集めることが可能となり、会社の成長と利益につながりました。**充実したキャリアパスを作ることは、社員にとっても企業にとっても大きなメリットをもたらしました。

こうしたキャリアパスを作る時、助成金を活用することもできます。キャリアパスを作るだけで助成金が出ることもありますし、専門家に依頼する費用を助成してもらうこともできます。また、実務に関係する研修を受けた時に助成金が出ることがあります。こうした助成金の制度は、厚生労働省のウェブサイトに詳しく掲載されていますし、最寄りのハローワークに確認してみてもよいでしょう。

▼日本人社員との同化は会社を衰退させる！

外国人を採用することで、社内には新しい風が吹きます。社内に外国人がいることで、日本人にも刺激になり、社内が活性化し、相乗効果で人も会社もどんどん成長する可能性があるのです。

しかし、せっかく外国人を採用したのに、そのメリットを活かしきれず、むしろ外国人社員の良い点を潰してしまうケースもあります。

電子機器メーカーのA社では、近い将来の海外進出を視野に入れ、初めて外国人を採用しました。彼は優秀で積極的に仕事に取り組み、どんどん新しい仕事を覚えていき、勤務時間だけでなく、自宅でも商品知識や業界のことをよく勉強しているようでした。

ある時、A社の企画会議がありました。その会議で、彼は発言を求められ、それまで温めていた企画を発表しました。外国人ならではの視点から考えた素晴らしい企画でした。それまで誰も考えつかなかったアイデアが満載であり、社長からは高く評価されたそうです。彼も、自分の企画が高く評価され、非常に嬉しく思ったようです。しかし、会議が終わってすぐに日本人の先輩社員に別室に呼ばれました。そして「なぜいきなり会議で発表したんだ。まずは直属の上司に話しておくべきだろう。それに、そういう新企画は、日本では上司の口から発表するのが普通なんだ。おまえは上司の顔を潰したぞ」と怒られたそうです。いわゆる**根回しの文化を強要された**わけです。その後しばらく、上司もよそよそしい態度をとるようになりました。彼が上司にアドバイスを求めても、自分で考えてみて、と冷たい返事しかもらえなくなったそうです。

彼は、日本の習慣に合わせようと考え、それからは会議での発言を控えるようになりました。外国人ならではの視点で気付いたことがあってもその場では発言せず、後から上司に伝えるようになりました。しかし、上司も忙しく、なかなか話す機会がとれませんでした。やっと話ができても、その上司が保守的な人だったため、「考えておくね」と言われ、何ヶ月も放置されたそうです。そんな状態が続いたため、彼は企画を出すのを諦めました。そして、もうこの会社はダメだと見切りをつけ、数ヶ月後に退職していきました。

もし完璧な日本語や日本人らしさを求めるなら、日本人を採用すべきです。**なぜ外国人を採用するのか、全社員がその理由をきちんと理解しておくこと**で、こうした事態は防げます。

▼外国人社員がミスをした時の上司のフォロー

初めて日本の企業で働く外国人社員は、環境や生活が激変することによって、大きなストレスを抱えることがあります。これから仕事をがんばろうという高い意識を持つ一方で、ささいなミスから自信をなくし、実力を発揮できないこともよくあります。

外国人社員がミスをした時、絶対に人格否定をしないでください。人を叱るのではなく、失敗を叱りましょう。**特に、「自分が外国人だからミスをした」などとは絶対に思わせないように、**注意が必要です。

都内で語学教室を展開するA社では、翻訳の仕事も単発で受けることがあります。翻訳の仕事は、A社の外国人講師にお願いしています。ある時、韓国人社員のAさんが翻訳した文書に大きなミスがあり、お客様からかなりお怒りのクレームがありました。社長を出せというクレームだったため、社長自らが対応し、なんとか収まりました。しかし、そのクレームの電話を横で聞いていたAさんはすっかり自信をなくしてしまいました。Aさんは社長に対し「申し訳ありませんでした。自分は翻訳の能力がないです。これからは翻訳の仕事から外してもらえますか」と半分泣きながら訴えました。

さて、社長はどのように対応したのでしょうか。この社長は、Aさんを責めることはしませんでした。彼女が十分に反省していたからです。そしてAさんにこう言いました。「あなたを翻訳の仕事から外すことは簡単ですが、それはあなたの将来にとって本当に良い選択でしょうか。もしかしたら将来、転職するかもしれませんよね。翻訳者としての採用ではなくても、あなたが韓国人だという理由で翻訳を頼まれることはあると思いますよ。その時に、翻訳はできませんと断っていたら、仕事の幅が狭くなってしまい、上司や先輩からの評価も低くなってしまうかもしれません。あなたは韓国語の講師としての能力は高いのですから、そのように仕事の幅を狭めてしまうのはもったいないと思います。このミスを貴重な経験としてこれから努力すれば、次は良い翻訳ができると私は信じていますよ」

私はこの現場にいたのですが、私自身もこんな上司の下で働きたいと思いました。

▼顧客からの無理な注文に潰されないように

日本のビジネス環境に慣れていない外国人社員の場合、顧客からの無理な注文に対して上手に対応できず、背負いこんでしまう場合があります。一般的に、日本は世界の中でも顧客の要求レベルが高いと言われています。日本人であれば慣れている要求でも、外国人にとってはその要求レベルに対応しきれないと感じることもあります。

ある計測器メーカーの外国人社員は、顧客への納品時に3時間かけて製品の取り扱いやメンテナンス方法について丁寧な説明をしました。それにもかかわらず、その顧客は半年間その製品を使用せず、半年後に再度説明を要求してきたそうです。また顧客の都合で何度もメンテナンスに呼び出されることがありました。こうした状況を知った上司は、自分自身もその顧客のもとに同行し、必要であれば定期メンテナンス契約を結んでほしいと説明して、外国人社員をフォローしました。その業界の慣例として、定期メンテナンス契約まではは不要な機器でしたが、このままではその外国人社員が顧客の要望に振り回され続けると判断し、このような提案に至ったそうです。

このように、**上司がしっかり社員をフォローし、顧客に対して「できること」「できないこと」をはっきりと伝えましょう。**社員をとるか、顧客をとるか考え、社員のほうが大切であれば、毅然とした態度で要求を断ることも大切です。

▼外国人社員の成長を促すために

外国人社員から何か相談をされたら、すぐにアドバイスをするよりも、まず自分で考えさせてください。「そういう場合はこうすればいいよ」という具体的なアドバイスよりも

「そういう時、どうすればうまくいくと思う？」と聞いて、**自分で考える癖をつけさせましょう。**

また、質問されたら質問で返してみてください。そうすることで、外国人社員が考えるようになります。質問を質問で返すのは抵抗がある人もいると思います。確かに、私生活でそれをやっていると、相手に嫌がられるかもしれません。でも頭のいい外国人社員であれば、質問されることで、教えてくれているのだなと気付くはずです。このことを気付かずに、ただ面倒くさい上司だなと感じるような外国人社員であれば、早めに対策を講じたほうがよいですね。仕事は遅かれ早かれ覚えてくれますが、こういう仕事に対する考え方は、対策をしないと直らないことが多いからです。

さらに、日々の仕事について業務日報を書いてもらうのもおすすめです。業務日報は、自分のやってきた仕事を可視化するツールです。**仕事をする中で起こった課題の抽出、業務の改善につながります。**ただし、外国人社員にいきなり業務日報を書きなさいと言っても、何をどのように書いてよいかわからないかもしれませんから、書き方のルールを作ってあげるとよいでしょう。

著者の事務所では、次の項目について、すべて箇条書きで書いてもらっています。一日一ページを使い、余白があっても、そのまま残しておきます。後で気付くこともあるからです。

【業務日報の例】
・今日一日の仕事内容
・その仕事を通して学んだこと
・失敗したこと
・改善すべきこと

業務日報は、書いたら書きっぱなしではダメです。外国人社員には、最低でも月に一回は見返すようにしてもらってください。何度も見返すことで、失敗の原因や改善策が頭にインプットされ、二度と同じ失敗をしないようになります。そして、会議などでその内容を発表する時間を作るとさらによいでしょう。発表することで、業務改善、コミュニケーションの活性化につながります。

外国人社員の退職はこうして防ぐ

▼定期的な個人面談が早期退職を防ぐ

外国人の場合、日本人よりも、自分の実力を発揮できない会社に見切りをつけるのが早いようです。そのため、**本人の要望や実力を定期的に確認し、ステップアップしていける仕組みを導入する**ことで、早期退職を防いでいる企業もあります。

近畿・中国地方を中心にネット通販事業を展開するA社では、3ヶ月ごとに上司と部下が個人面談を行っています。外国人社員も同様です。個人面談では、これまでの3ヶ月間で達成できたことを確認し、それに対する上司の評価を伝えます。そして、今後3ヶ月で達成したいことを具体的に決めます。

また、不安に思っていることのヒアリングもしています。もし不安なことが何もなくても、上司とのコミュニケーションのいい機会になり、信頼関係が生まれます。同社に勤務するフィリピン人社員に聞いたところ、いつも忙しい上司が自分のために時間をとってくれるので、会社と上司に対して感謝の気持ちを抱くようになったとのことでした。

ただし、外国人社員との面談で、いきなり「何か悩みはないですか？」と聞いても、多くの外国人社員は答えられません。**悩みがあっても、その悩みを正確な日本語で表現するのは難しいのです。**悩みというのは、正確に説明しないと誤解される可能性がありますから、いきなり聞かれてもなかなか答えづらいものです。そこで、面談に活用すると効果的なのが「事前ヒアリングシート」です。個人面談の一週間くらい前に渡しておき、面談の時までに書いてもらいます。そうすると、面談で話すべき論点が整理され、有意義な面談になります。参考までに著者の事務所で活用している面談ヒアリングシートの内容を紹介します。

【面談事前ヒアリングシートの内容】

（1）担当している仕事について

・どんな仕事が難しいと感じますか？

・自信を持ってできる仕事は何ですか？

・どんな仕事が楽しいですか？　もしくは意欲を持ってやれますか？

（2）担当する仕事の量

・多すぎると思う／やや多いと思う／ちょうどよい／やや少ないと思う／少なすぎると思う

（3）仕事の進め方、職場環境などについて、改善してほしい点はありますか？

（4）今後、やってみたい仕事はありますか？

（5）この仕事を通して、どんなスキルや能力を向上させたいですか？

（6）その他、相談したいことがあれば記載してください

▼人間関係が原因での退職を防ぐ

これは日本人も同様ですが、退職の理由で最も多いものの一つに人間関係の悩みがあります。人間関係の悩みの大半は、コミュニケーション不足が原因です。ですから、コミュニケーションの機会を積極的に作ってあげるというのは有効です。

たとえば、社員の8割が外国人という外資系企業のA社では、定期的に「ワールドカフェ」を開催しています。ワールドカフェとは、カフェのようなリラックスした場所でテーマを決めてグループで話し合う場のことです。会話のテーマは、仕事に直接関係ないことでも構いません。A社では、くじ引きで社員を5人ごとのテーブルに分けて話し合いをしてもらい、1時間経ったらグループの入れ替えをし、できるだけ多くの社員とコミュニケーションをとれるようにしているそうです。このワールドカフェを導入してから、A社の社内は活気があふれるようになりました。また、ワールドカフェが、**自分の意見を明確に伝えたり、人の話をじっくり聞く練習の場にもなるため、社員のプレゼン能力の向上にも役立っている**そうです。

また、**日本特有の上下関係も、外国人にとってはストレスになる場合があります。**

お互いに敬意を持って接するのがベストな方法ですが、そうではない職場もあると思います。たとえば、年上の後輩が敬語で話しているのに、年下の先輩は、命令口調で話している場合などです。お互いが納得しているならそれでよいのですが、そうではない場合、それがストレスになります。特に、外国人の場合、国によっては、年長者に対してはたとえ部下であっても敬意を持って接することがルールである場合もあります。

ある外国語交流カフェを経営している会社では、外国人スタッフが、社長の指示には従うけれども、先輩スタッフからの指示には従わないということがありました。その先輩スタッフに対して「なぜおまえが指示するのだ」というような態度をとったそうです。そのことがあってから、新人スタッフに対しては、指示系統や上下関係を教え、また理由も説明するようにしました。そうした結果、指示系統が明確になり、外国人スタッフとしても仕事がやりやすくなったようです。

ここは日本だからと、頭ではわかっていても、こうした指示系統や上下関係に慣れていないと、人格否定されたような気持ちになる場合もあるのです。社内のコミュニケーションについては、お互いに敬語で話すなどの**ルールを決めておくのもよいでしょう。**

そして、誰にでも仕事が嫌になる時はあります。そんな時は、仕事にフォーカスするのではなく、人にフォーカスすると、やる気が出てくるものです。この人と一緒に仕事がしたい、この人から学びたいと思えるような上司や同僚に出会えると、前向きに働くことができます。

少し話はそれますが、私の顧問先である旅行会社の社長は、投資が好きで、外国人社員たちによく投資の話をするそうです。外国人社員たちの中には投資に興味のある人が多いらしく、仕事の話と同じくらい熱心に、投資の話を聞くそうです。このように、仕事の話以外でも社長と気軽にコミュニケーションをとることができるのは、オープンで良い雰囲気の職場です。たとえ仕事が嫌になったとしても、人間関係の良い職場であれば相談もしやすいですし、仕事のモチベーションも保ちやすいでしょう。

▼家庭訪問をすれば3年以内の離職率0%!?

外国人を毎年定期採用しているA社では、年度の終わりに、社長や直属の上司が新入社員の自宅を家庭訪問するという制度があります。この制度は、**上司が外国人社員の性格**

や考え方を理解する上で、非常に役立っているそうです。部屋はきれいなのか、どんな本、どんな雑誌を読んでいるのかなど、ささいなことから意外な性格を知ったり、意外な強みを発見したりできるとのことです。

A社の社長が、ある新入社員の自宅を訪問した時、室内に動画編集機材がたくさんありました。彼は友人たちとバンドを組んでおり、そのライブ動画などを編集するために使っていたそうです。ちょうど社内で商品案内の動画を制作する話があったため、彼に動画を作成してもらったところ、音楽やテロップ付きで、かなり高品質な仕上がりでした。自宅訪問をしなければ、彼にそんな特技があることを誰も知ることはなかったでしょう。

また、A社では、家庭訪問の前後に、近くのレストランで新入社員と一緒に食事をするようにしています。外国人社員にとっては、自分のホームグラウンドにあるレストランなので、リラックスして本音で話すことができ、上司との良いコミュニケーションの機会となっているそうです。

もちろん、社員のプライバシーには十分配慮する必要がありますが、家庭訪問が効果をあげている事例もあるということで、参考になるのではないでしょうか。

また、外国人社員の実家訪問も、早期退職を防ぐために効果的です。B社の社長は、インドネシア出張の際、同国出身の社員の実家を訪問し、ご両親と会いました。ご両親からすれば、息子が勤めている日本の会社の社長がわざわざ来てくれたということで、大感激です。親戚やご近所さんがどんどん集まり、かなりの接待を受けたそうです。社長が日本に帰国してから、ご両親へお礼の手紙を書いたところ、またまた感激され、「息子をぜひよろしくお願いします、息子を御社に託します」といった趣旨の手紙を頂いたそうです。

もちろん、この社長の人徳に帰するところもあると思いますが、**外国人社員を日本人社員と同じように大切にしているという姿勢を見せることで、早期退職を防ぐことにつながっています。**

絶対に避けるべき外国人へのパワハラとモラハラ

▼文化の違いでは済まされない

パワハラやモラハラはないのが一番ですが、外国にも多少のパワハラやモラハラがあるようです。しかし、多くの外国人が口をそろえて言うのが「日本のハラスメントのほうが母国よりもひどい」ということです。「自分もハラスメントに遭うのでは？」と心配している外国人も結構います。

一般的に、外国人はプライバシーを大切にする傾向があるため、ハラスメントには日本人以上に敏感であると言えるでしょう。絶対にやってはいけないことは、**特定の人種や宗教に対する持論を展開すること**です。外国人本人にとっては、自分のルーツや宗教は、自分の命、人生に等しいものです。持論の内容によっては、国際問題にもなりかねません。

たとえその持論が好意的なものであっても、それをわざわざ口にするのはやめておいたほうがいいでしょう。

パワハラとは少し異なりますが、会社によっては、社内の上下関係が非常に厳しい場合があります。都内の建設会社で総合職として働くイギリス人のAさんは、入社して非常に驚いたことがあります。男性社員が女性社員を呼び捨てにし、命令口調で話していたことです。「おい、○○。これコピー取れ！」と終始こんな感じです。女性社員に対してだけではなく、部下の男性社員に対してもまるで奴隷か舎弟のような扱いです。そして、その状態を誰も違和感なく受け入れていました。Aさんは、自分はとてもここにはなじめないと感じ、数ヶ月後に退職しました。

ハラスメントに対する意識は、世界の中でも日本は相当遅れています。ですから「日本ではこれくらい当たり前」というのが、外国人には通用しないことがあります。**外国人採用を機に、お互いを尊重する心を大切にし、気持ちよく働ける職場づくりをしましょう。**

▼使用者の責任

会社には従業員の行為に対して責任を負う「使用者責任」があります。使用者責任とは、業務またはそれに付随することで、従業員が第三者に危害を加えた場合、被害者に対して会社が賠償責任を負うことです。従業員同士でハラスメントがあったり、交通事故や傷害事件で外部の人に怪我を負わせたり、職権を乱用して詐欺や不正行為を働いたりして第三者に損害を与えた場合、被害者は会社に対して損害賠償を請求することができます。

近年では、外国人社員が会社や加害者を相手取って訴訟を起こすケースも増えてきました。実際に、技能実習生による訴訟は年に数件起きています。技能実習生に対して、不当に安い賃金で長時間労働を課したり、セクハラや暴力を行ったり、また技能実習生の預金口座、預金通帳、印鑑を管理したりしたことで、外国人側の勝訴となった事例もあります。

これは技能実習生の例ですが、社員として採用した場合でも、長時間労働やセクハラ問題、また勢いで殴ってしまった、というような問題が起こらないとは限りません。**外国人は、日本人に比べて個人の権利に対する意識が強いため、ブラックな環境の職場であれば、訴訟を起こしてくる可能性は十分にあります。**昨今の社会事情から、被害者側に有利な判決が下ることも多く、この場合、会社には大きなダメージとなります。それだけでなく、加害者や被害者の人生も大きく変わってしまい、優秀な人材を失う結果にもつながります。

このような明らかなハラスメントはもちろん、前述のように、上司が女性社員や男性の部下に荒々しい態度で命令するといった環境も、外国人からはハラスメントととらえられたり、異常な職場環境だと思われたりすることがあります。優秀な外国人社員に活躍してもらうためには、**会社の習慣や常識を一度見直し、外国人社員が気持ちよく働くことができる職場環境や人間関係を作ることを目指しましょう。**

外国人社員には働きながら日本語能力の向上を目指してもらおう

社会人の第一歩は、ビジネス敬語の正しい使い方をきちんとマスターすることから始まる、と言っても過言ではありません。敬語は、日本人の新入社員ですら苦労するものですから、外国人社員にとっては難易度が高いでしょう。しかし、いくら外国人でも、基本的な敬語が話せないと、対外的には大問題に発展することもあります。特に、電話は会社の代表としてお客様に対応するものであり、どんな電話対応をするかでその会社のレベルが判断されてしまうものです。

これは、外国人であっても変わりません。日本人か外国人かという事情は、お客様や取引先にとっては、何ら関係のないことです。きちんと対応ができていれば問題ないのですが、外国人ならではの間違いや起こりがちなトラブルがあります。

▼社員同士の会話で敬語や基本的な挨拶をマスターさせる

敬語には、尊敬語、謙譲語、丁寧語の3種類があり、時と場合によって全く使い方が異なります。「言う」という一語をとってみても、「おっしゃる」「申し上げる」「言います」「おっしゃいました」「申し上げました」というように、いろいろなパターンがあります。英語のように、「would」や「could」を付ければよいというものではなく、全く違った言葉に変化してしまうのが敬語を難しくしている原因の一つではないでしょうか。動詞の数だけ敬語があり、さらに時制や場面に応じて使い分けなければならないとなると、ますます複雑になり、敬語を学ぼうとする気持ちすらなくなってしまうというケースが多いようです。

まずは、会社の人とだけでも構わないので、**丁寧語から始めて、徐々に尊敬語、謙譲語の順に習得してもらうように心がけましょう。**社員同士の会話なら、多少の誤りがあってもカバーできますし、大きな問題にはなりにくいからです。そして、間違っている時には遠慮なく「その言い方はおかしい」と指摘することが大事です。間違えれば覚えるものです。少しずつ修正していけばよいのです。

また、日本語で話をする時には常に敬語で話すことを心がけてもらいましょう。日本語に慣れてくると、どうしてもくだけた表現を使いたがるようになります。これは日本人でも同じです。友人同士で敬語を使う人は普通いないように、外国人も親しい人と話をする時にはどうしてもフランクに話そうとするでしょう。しかし、そこをあえて敬語を使い続けてもらうのです。言葉遣いは無意識に出てしまうものです。身体で覚えるくらいになっていないと、いざという時に対応できなくなります。

日本語学校でも敬語はある程度勉強しますが、日本語能力試験のN2以上は取得してもらいましょう。日本語で仕事をするためには、N2以上（理想はN1）を持っていないと話にならないと言われることもあります。

「おはようございます」「お疲れさまでした」「お世話になっております」などの日常的に使われる言葉は、自然と覚えるものです。とはいえ、「お疲れさまでした」や「お世話になっております」などは、外国語にはない表現であったり、翻訳が困難な表現であったりすることもあり、外国人の中には大きな違和感を覚える人もいるようです。

これらについては意味を考えても仕方がなく「日本ではいつも使用する決まった言い回しなのだ」ということで納得してもらうのがよいでしょう。

▼電話対応や社外の対応で自信を持たせる

ある程度敬語を使えるようになるまでは、電話対応や社外対応を一人で任せるのは避けたほうがよいでしょう。しかし、そのままではいつまで経っても成長しません。慣れてきたら思い切って任せてみるのも一つの方法です。周囲の人がフォローしてあげられる環境ならば、そうするほうが本人の成長につながります。

しかし、やはり怖いのは電話対応です。電話は一対一の対応となってしまい、相手の声は周囲の人には聞こえません。また、相手が早口だったり発音が訛《なま》っていたりすると、外国人にとっては内容を聞き取ることが困難になります。そのような状況になったら、すぐに代わることができる態勢を整えておくことが望ましいでしょう。そのような態勢があれば、外国人本人も安心して対応できるようになります。「私ではわかりかねますので、別の者が代わりに対応いたします」などの決まり文句を用意しておいて、すぐに交代します。

相手がいろいろと話をしてしまってから「何を言っているのかわかりませんでした」となると、相手を怒らせる原因となります。最初から同じことをもう一度話さなければならないからです。

また、日本語でのやり取りに慣れてきても、話の内容がわからず理解できない場合もあると思います。外国では「その件については、私は担当ではないのでわかりません」と言って電話を切ってしまうこともあるそうですが、日本でそんな対応をしてしまったら大変です。自分では回答できないような内容の場合には「担当に確認して折り返しご連絡いたします」と言って、相手先の会社名や名前をメモしておくことも教えておきましょう。

▼とにかく実践！

最初は失敗がつきものです。必要以上に恐れず、どんどんチャレンジしてもらいましょう。電話越しでも、相手が外国人だということはわかります。そうすると、相手も丁寧に対応してくれるでしょうし、多少たどたどしいところがあったとしても大目に見てくれます。連絡事項にミスや行き違いがあってはいけませんが、最終的には日本人社員がフォローして内容を確認する態勢をきちんと整えておけば大きな問題にはつながりません。万が一、何か問題が発生した場合には、会社全体として責任を持ち、フォローすることが大切です。間違っても、外国人一人に責任を押し付けるようなことはしてはいけません。最終責任は、外国人に対応させた人や部署、会社側にあるということを理解しておいてください。

外国人が意外と知らない日本式のビジネスマナー

日本のビジネスマナーは、世界の中でも独特のものが多くあるようです。代表的なのが以下のものです。

年長者を敬い、また、おもてなしの精神を重んじるのが日本の礼儀作法です。特に、ビジネスの場では日本式ビジネスマナーの正しい知識がないと、恥ずかしい思いをしてしまったり、時には常識がないと思われてしまうことさえあります。そこで、日本人にとっては常識でも、外国人には意外と知られていない日本式のビジネスマナーについてご紹介します。

電話	実際に起こりうるさまざまな状況を想定した、社会人としてふさわしい電話応対 （例）担当者が外出中や席を外しているときの応対、メモの残し方
会議	ビジネスシーンでの名刺交換の方法や順序、上座下座の知識
メール	書き出し、署名などの書き方 また「掲題の件」「幸甚です」「○○@○です」などのメール用語
その他	報連相、残業の考え方、守秘義務、出退社時間、勤務態度、 社内行事のマナーやタブー

▼日本式のビジネスマナーとは

前述のように、おもてなしの精神を重んじるのが日本の礼儀作法です。特に、お客様への対応やサービスのレベルは非常に高いと言えるでしょう。ですから、日本のビジネスシーンでは当たり前のマナーだ、と思うことが、必ずしも外国人には当たり前ではないのです。日常の業務をいくつか例に出して説明しますので、ここにあげた内容については必ず外国人社員に教えて、日本式のビジネスマナーを理解してもらいましょう。

まず、**来客時には笑顔で対応すること**が大切です。外国には「日本人はいつもニコニコしていて不思議だ」という考えの国もあるようですが、日本では空気を「読む」「感じる」など、雰囲気を重視します。ですから、不愛想な態度で対応してしまうと、相手に嫌な印象を与えかねません。会社のイメージのためにも、接客時には感じのいい対応ができるように指導しましょう。

それから「遅刻」に対する考え方も、外国人と日本人では異なります。外国人の中には時間にルーズな人も多いようですが、**日本では遅刻をすると信用を失ってしまいます。**

たとえばお客様を訪問する際には、事前に電車の時刻、乗り換え、道順を調べておく習慣をつけさせましょう。

▼日本独特の年長者を敬うマナーを身に付けてもらう

日本のマナーにおいては「年長者を敬う」「立場を重視する」ことが根底にあります。あまり相手の年齢や立場を気にしない国もありますが、その国の価値観のまま日本で振る舞うと無礼になってしまうこともあるので、こうした日本の価値観は必ず理解してもらうようにしましょう。

お客様を訪問する際の行動の中には、多くの日本式ビジネスマナーがあるので、流れの中で見ていきましょう。

◉相手のオフィスビルに到着

コートを着ている場合には、建物に入る前に脱ぎ、次に着用するのは建物を出た後

◉エレベーターに乗る

上司と一緒にエレベーターに乗る際には、先に乗って操作盤の前に立つ（既にエレベーターに人が乗っている場合には、外から「開」ボタンを押し、上司を先に入れる）

◉会議室に通される

いきなり席には座らない。「おかけください」と言われたら下座に座る

◉名刺交換

上司に続いて名刺を交換する。基本的にテーブル越しには交換せず、交換時には相手より名刺を下に出す。名刺を受け取ったら名刺入れには入れず、着席後にテーブルの上に置く

ここでは基本的なことしかあげていませんが、年長者や立場を重視する日本式ビジネスマナーには少なくともこれだけのことがあるのです。ですから、お客様を訪問する前には、最低でもここにあげたマナーについては、外国人社員に伝えて、できれば事前に一緒に練習しておくとよいでしょう。

▼日本の商習慣が必ず最良なわけではない

さて、きめ細やかな対応や、年長者を敬うといった日本人の習慣以外にも、お客様を第一に考える、信用を尊ぶ、商品の完成度と品質を追求する、などという日本の商習慣があります。**日本で仕事をするからには、外国人社員であっても日本の商習慣を理解するように努めるべきですが、度が過ぎた顧客第一主義や完璧主義は、時に組織や人を疲弊させ、非効率的・非合理的となります。**

また、日本の保守的すぎる考え方は、世界的にあまり好まれていません。日本人は、必要以上に失敗を恐れたり、重く受け止めたりする傾向がありますが、この点が、外国人にはとても奇異に映るようです。外国人は「人間なんだから失敗して当然。次がある」と気持ちの切り替えが早いのです。考え方がシンプルとも言えるでしょう。

さらに、現場に決裁権者がいないことも不思議に思われます。これは多くの外国人ビジネスパーソンから指摘されているところであり、日本の習慣が外国人から受け入れられにくいことや、日本が世界から遅れる要因となっているかもしれません。

日本でスムーズに仕事をしてもらうために、必要な商習慣はきちんと教える一方で、仕事の仕方や考え方については、外国人社員から教わることもたくさんありそうです。**相手の良い部分を柔軟に受け入れていくことで、合理的で働きやすい職場づくりにつながるでしょう。**

外国人に早く仕事を覚えてもらうコツ

外国人が日本の会社で初めて働く時、覚えることはたくさんあります。日本人なら新卒であっても、これまで20年前後日本で暮らしていますので、その経験から何となくわかっている商習慣やビジネスマナーがあります。敬語の適切な使い方についても、少し練習すればすぐに習得できるでしょう。ですが、外国人は、それらも含めて覚えていかなければいけないため、日本人以上に覚えることがたくさんあります。

外国人社員に早く仕事を覚えてもらうために大切なことは、まず、**一つの仕事に集中させること**です。そして、**一つずつ仕事をマスターさせること**です。

あるプロのサッカーコーチに聞いた話なのですが、サッカー未経験者が最速で上手になるためには、ドリブル、トラップ、パス、シュート、フェイントなど、いろいろな練習メニューを短時間ずつ毎日やるよりも、ひたすらドリブルだけを毎日やったほうがいいそうです。ドリブルをある程度マスターしてから、次はトラップという感じで、一つずつマスターしていくと結果的に早く上手になります。

外国人社員についてもこれと同じことが言えます。つまり、いきなりあれもこれも教えようとしないことです。もちろん、外国人社員の中にはマルチタスクが得意な人もいるでしょうから、そういう人にはいろいろな業務を同時並行で教えても問題ないかもしれません。しかし、そうでない人に、最初からすべての仕事を教えると、訳がわからなくなってしまいます。そして、どの仕事もなかなか覚えられないという結果になりかねません。

実際、著者の事務所でも、初めて外国人を採用した時は、最初からいろいろな業務を教えこんでしまい、失敗しました。「今日は、まず掃除をして、この書類の翻訳をして、A案件のデータ入力をして、B案件の書類一式をスキャンして、C案件の見積書を作成・発送して、郵便局で印紙を購入して、大使館で領事認証を取得して、この資料をファイリングして」といった感じでした。こうした状態でしたので、その社員にとってもかなりの負担となっていたようです。

すべての仕事を一通り覚えるまで、かなりの日数を要しました。この経験を踏まえ、次に入った外国人社員からは、担当させる仕事を限定しました。まず、申請書のデータ入力だけをお願いし、それがミスなく完璧にできるようになったら、次の仕事を担当させるようにしました。すると、外国人社員としても、早く他の仕事をできるようになりたいと考え、意欲的に仕事に取り組んでくれました。また、申請書のデータ入力の仕事が少ない時には、法務省や厚生労働省、経済産業省、入国管理局などのウェブサイトをチェックして、外国人のビザに関する最新情報がないかどうかを確認する仕事をやってもらいました。これは外国人にとって、日本語の読解練習にもなりますし、こちらとしても、非常に助かりました。

それから、仕事の全体像を把握してほしかったので、就労ビザに関する基本書を読んでもらいました。最初は「仕事を早く覚えるために、家で基本書を読んできてくださいね」と言っていたのですが、なかなか読んでこないので、勤務時間中に読んでもらうことにしました。そして、重要だと思ったところにアンダーラインを引き、簡単なレポートを書いてもらいました。一日中やると飽きてしまいますので、一日1時間ずつです。この作業を10時間くらいしてもらうと、その後の仕事の飲み込みがとても速くなりました。

外国人雇用で困った時の駆け込み寺

厚生労働省では、外国人雇用で困った時に無料で相談できる**「外国人雇用管理アドバイザー制度」**を設けています。この制度は、外国人の雇用に関して専門知識のある認定アドバイザーが会社まで来てくれて、さまざまな相談に乗ってくれるというものです。会社に来てくれるため、外国人社員からの相談に直接対応してもらうことも可能です。この制度を利用したい場合は、最寄りのハローワークから申し込むことが可能です。

この制度を上手に活用している、ある会社の事例を紹介します。この会社では、外国人社員から「手取りが減るから社会保険に加入したくない」と何度も相談を受け、人事担当者が非常に困っていました。外国人社員は例外だからと安易に認めてしまっては、日本人社員にもそういう希望者が現れるかもしれませんし、そもそも社会保険への非加入は違法となります。そこで、外国人雇用管理アドバイザーを派遣してもらいました。その外国人社員と総務部長、それからアドバイザーの3人で面談したそうです。面談ではアドバイザーが、社会保険への加入は日本の法律で決まっていること、違反すれば会社が罰せられること、将来母国に帰国する際には脱退一時金がもらえること、今後、家族全員が永住権を取得する際にも有利になることなどを丁寧に説明しました。すると、その外国人社員は、深く納得し、喜んで社会保険への加入に応じたそうです。

また、東京と大阪には**「外国人雇用サービスセンター」**という役所があります。市役所などと同じく平日の9時〜17時まで開庁しています。ここでも、外国人の雇用管理全般の相談が可能です。

近年の外国人労働者の増加に伴い、厚生労働省では、こうした外国人雇用に関する指針や相談体制の整備に取り組んでいます。今後もこうした公的支援制度は充実してくるものと思われますので、上手に活用していきましょう。

第7章

外国人社員を雇う上で準備すべきこと

就業規則は必ず作ろう

▼外国人採用に就業規則が必要な理由

日本人を雇用する場合にも就業規則が必要なのは言うまでもありませんが、外国人社員に対しては特に就業規則が意味を持つことが多くなります。外国人は、日本人よりも自分の権利をしっかりと主張する人が多く、相手が社長であろうが、目上であろうが、簡単には引き下がりません。日本人独特の「まあ、そう言わずに今回は事情を汲んでよ」「会社の立場も考えてよ」というような曖昧な表現でお茶を濁すやり方は通用しないのです。いい加減な言葉で逃げようとすると、外国人はそのような姿勢を見逃さずに、とことん追及してきます。しまいには、経営者側が根負けして、相手の言いなりになってしまったということにもなりかねません。

これは、その人だけを特別扱いするということを意味しますので、他の従業員に対する影響も計り知れません。「なんであの人だけ……」という雰囲気が社内に蔓延してしまうと、他の従業員も同じようなことを主張し始めます。そうなると収拾がつかなくなります。そうならないように、**従業員の権利を明確化し、会社（経営者側）を守ることが必要なのです。それが就業規則です。**就業規則は、その会社の従業員が守るべき統一ルールです。もちろん、日本独特のルールもあるでしょうが、それもしっかり就業規則としてルール化しておけば、会社側は堂々と主張できます。違反した場合には、その従業員を懲戒処分にすることもできます。

▼外国人社員がいる場合の就業規則の留意点

外国人社員がいる場合、就業規則にはいくつか留意点があります。

まず重要なこととして、**就労ビザが不許可になった場合などに備えて、就業規則には「就労可能な在留資格を喪失した場合には、雇用契約を終了する」旨の条項を設けておくことが必須です。**外国人を雇用する場合には、会社側は在留資格、在留期間、就労資格について、きちんと確認する必要があります。在留資格の中には、就労可能なものと就労不可能なものがあります。万が一、不法就労をさせていたとなると会社側の責任も問われます。在留資格のない外国人を働かせた場合は、不法就労助長罪（入管法第73条の2）により、3年以下の懲役または300万円以下の罰金に処せられます。そうならないように、常に在留期限や在留資格などの状態を把握し、時期が来たら更新手続きをするよう勧める、就労ビザ専門の行政書士に相談するなど、気を付ける必要があります。

他には、その社員の母国の重要な祝祭日について、特別休暇を用意することです。また、第9章のQ&Aで後述しますが、業務中の怪我に関する対応も記載が必要です。

就業規則を作る場合には、会社の諸事情を踏まえた上で、社会保険労務士や労働問題に詳しい弁護士にきちんと見てもらうことをおすすめします。せっかくの就業規則に穴があっては、意味がなくなってしまいます。また、入社後にきちんと規則について説明をしましょう。外国人側が「そんな規則があるなんて聞いていない」と言うことを防止するためです。就業規則をコピーしたものを渡しておくことが重要です。そして、実際に何か問題になった場合には、会社だけで解決を図ろうとするのではなく、専門家に相談することも一つの方法です。

▼外国語の就業規則は必要か

結論から言うと、**外国語の就業規則も用意したほうがよい**でしょう。外国人社員にわかりやすいように、既存の就業規則を当該外国人社員の母国語、または英語に翻訳しておくのがおすすめです。ただし、日本人社員と外国人社員とで就業規則の内容を変えることは認められませんので、この点は気を付けなければなりません。

日本の事業所で働く場合、外国人も日本人と同様に、労働基準法、労働契約法、最低賃金法、労働安全衛生法などの日本の法律が適用されます。前述のように、外国人であっても日本での雇用関係がある以上、日本人労働者と同様に社会保険の加入義務が発生します。外国人だから社会保険に入らなくても大丈夫というわけにはいかないのです。

なお、労働基準法3条では、「使用者は、労働者の国籍、信条または社会的身分を理由として、賃金、労働時間その他の労働条件について、差別的取扱をしてはならない」と定めています。つまり、**国籍などを理由に、労働者が日本人である場合と外国人である場合とで、待遇や労働条件に違いを設けることは禁じられているのです。**ですから、外国人社員だけを対象にした就業規則を別途作成することはできません。ただし、外国語に翻訳するなど、合理的な理由がある場合は、別途就業規則を作成することも差し支えありません。

外国人社員の雇用契約書の作り方

▼外国人社員の雇用契約書で留意すべきこと

外国人を雇用する場合、入国管理局への就労ビザ申請に必要な書類として、雇用契約書（労働条件通知書）の写しがあります。その中には、①職務内容、②就業場所、③勤務期間、④職務上の地位、⑤給与額を明記しなければなりません。これは、申請しようとしている在留資格の審査基準を満たさなければなりません。そして、当然ながら、契約書は外国人本人の手元にも渡っていなければなりません。労働条件通知書の場合も同様です。最近では、入国管理局の審査官が、外国人本人や会社側に電話をかけてきて、職務内容、就業場所、月額給与額を質問するという架電調査も頻繁に行われています。ここで正しく回答できなければ、不許可処分となることが多いようです。

外国人社員の雇用契約書を作成する場合、特に気を付けたほうがいいのが職務内容についてです。就労ビザの審査上、仕事の内容について誤解を受けないように、**できる**

だけ具体的に書くようにしてください。どんな担当者が読んでもわかりやすいように、業界の専門用語などは使わないほうがよいでしょう。これは実際にあった例ですが、職務内容の欄に「生産管理」とだけ書いたために、工場内作業とみなされ就労ビザが不許可になったことがありました。実際の仕事内容は、大型コンピューターを使った工程管理、品質管理などで、決して単純労働ではなかったのです。書き方一つで誤解を招くこともあるので、職務内容については、わかりやすく具体的に書きましょう。

無事に就労ビザが下りて入社に至ったとしても、面接時に話していた内容（特に給与）を入社後に変更するなど、約束と違うことをするのは、不信感を抱かれる原因となります。反対に、採用が決まって条件面を話し合う時に、外国人側がいろいろと要求をしてくるということもあるでしょうが、できることとできないことをはっきりさせ、約束したことはきちんと守るという姿勢が必要です。そして、入社後に雇用条件について改めて本人と面談をし、雇用契約書を作成していなかった場合には、この時点できちんと作成するようにしましょう。そうすることによって、会社側も外国人側も安心することができます。事前に仕事内容をきちんと説明し、雇用契約書にも職務内容を正確に記載します。**特に、入**

社後に短期間だけ現場実習や研修がある場合、そのことも明記しておきます。高学歴の外国人の場合、現場実習を嫌う傾向にあり、実習が終了しないうちに退職してしまうこともあります。もちろん、ごまかしたり、嘘をついたりすることは厳禁です。トラブルの元になりますし、早期退職につながります。

▼会社側が絶対的に有利な契約を結ぶと逆効果

よく大企業がやりがちなのですが、会社側に絶対的に有利な契約を結んでしまうと、外国人社員のモチベーションは上がりません。特に、固定給＋歩合給の制度をとっている場合に注意が必要です。どんなにがんばって成果をあげても、得られる報酬（歩合給）が少なければ、モチベーションは下がってしまいます。外国人社員にがんばってもらうためには、相手のことも考えた契約を結ぶ必要があります。間違ってもやってはいけないのは、当初言っていたことと違うことをすることです。時間の経過とともに会社側に有利な条件に徐々にシフトさせていくというケースもあります。たとえば、契約時点で「会社4割、本人6割」と言っていたのに、いつの間にか「会社6割、本人4割」という具合に会社が有利になるように変更している場合です。こうしたことがあると「あれ、当初言っていたことと違うぞ」と不信感を抱かれてしまうでしょう。

社員が日本人であろうと外国人であろうと、**一番大切なのは信頼関係です。**信頼を裏切るようなことをすると、結局は悪い形となって会社に返ってきます。気持ちよく働いてもらえるようにするためにも、約束はきちんと守るようにしましょう。どうしても変更しなければいけないような事態が生じた場合には、事情を説明し、変更内容を受け入れてもらえるように説得する努力を惜しまないことです。相手方に不利となる変更であるなら、なおさらです。きちんと説明をすれば、外国人社員にも状況をきっと理解してもらえるでしょう。それでも退職という道を選ぶのであれば、それは本人の自由です。会社側としては尽くすべき義務は果たしたのですから、それまでだったと諦めることも必要かもしれません。

退職金制度設計のポイント

退職金制度の有無は、外国人に限らず就職先を選ぶ際の重要な条件の一つと言えます。しかし一方で、退職金の支払いは企業にとっては支出であり、すべての退職者に対して出していたら、大きな負担になります。いくら従業員のための制度とはいえ、会社経営そのものを圧迫するような事態になることは避けましょう。現在ではポイント制や確定拠出年金など、さまざまな方法が採用されています。まずは自社の財務状況を分析し、無理のない範囲での制度の導入や見直しをしましょう。ただし、制度導入にあたっては、日本人社員と外国人社員で差があってはいけませんので、全員平等にする必要があります。日本人だけ優遇することや外国人だけに制度を導入するということはできません。

気を付けなければならないのは、**外国人は簡単に退職してしまう可能性が高い**ということです。義理や人情にもとづいた考え方はしないと考えたほうがよいでしょう。昔ながらに日本人が持っている「お世話になった会社に恩返しをする」「少しでも会社のために財産となるものを残していこう」という考えは期待しないほうがよいです。ですから、退職金の制度設計にあたっては十二分に検討しましょう。ここで制度設計を間違ってしまうと、退職金目当ての外国人が応募してくる可能性があり、短期間で離職者が増えるという事態になりかねません。そうなると、人が育たない、仕事は進まずに溜まっていく、従業員の不満が蓄積する、退職者が増加する、負担が大きくなる、最後はお客様に迷惑をかけるという悪循環に陥ってしまうことでしょう。

一つの方法として、勤続3年以上の方が退職する場合に、奨励金という名目で現金が支給されるような仕組みを導入するところから始めてみてはいかがでしょうか。そして、5年目以降の退職者は、月額基本給に一定の係数を乗じた金額を退職金とするなど、勤務年数に応じた退職金制度を設計するのです。そして、実際に運用しながら改善していき、会社の経営とすり合わせながら、ベストな着地点を見つけていくのがよいでしょう。

これだけは教えておきたい社会保険の仕組み

▼ほとんどの外国人は、会社が社会保険料を半分負担していることを知らない

正規の在留資格を持って日本に住む外国人は、健康保険に加入する義務があります。また、配偶者や子どもも被扶養者として加入することができます。社会保険は、会社と従業員が2分の1ずつ払うべきことが法律で決まっており、会社によっては半分以上負担している場合もあります。こうした事実をほとんどの外国人は知りません。**厚生年金や健康保険は、日本で働く外国人の義務でもあり権利でもあるということを研修などでしっかりと教えていきましょう。**外国人社員向けに入社時研修を行っている公的機関や民間企業がいくつかありますので、こうした外部機関に委託してもよいでしょう。

▼年金加入のメリットと脱退一時金

日本に住む外国人にも、年金の加入義務があります。ただ、罰則がないため、年金に加入していない外国人の方が多いのも事実です。ですが、年金に加入していると、メリットもあります。まず、永住者ビザ取得に有利になります。現時点では、年金加入については、永住者ビザの必須要件となっていませんが、加入していること、加入している年数などを示した根拠書類を提出することで、審査官の心証にプラスに働くと思われます。

それから、年金に10年以上加入していると、将来（65歳以上になると）、日本の年金を受け取ることができます。これは日本以外に住んでいても受け取ることができます。

また、何らかの事情で日本を離れることになった場合、これまで納めていた年金の一部が返金される、「脱退一時金」と呼ばれる制度もあります。脱退一時金については、日本年金機構のウェブサイトに詳しく記載されていますので、要点だけ説明しますが、対象者は、日本を離れてから（つまり在留カードが失効してから）、2年以内の外国人です。脱退一時金請求の手続きはそれほど難しくありません。必要書類は、基本的にはパスポートのコピー（顔写真ページ、最後の日本出国スタンプのページ）、銀行通帳のコピー、年金手帳です。

第8章

就労ビザ取得で失敗しないために

就労ビザの申請は、ビザ専門事務所に依頼するのが確実

日本の場合、就労ビザの審査は、書類審査です。不法滞在者などを除き、原則として面接審査はありません。書類審査で済むことによって、審査が迅速化されるメリットはあるのですが、書類の完成度、つまり書き手の文章力によって結果が左右されるという恐ろしい面もあります。

ですから、就労ビザを確実に取得するためには、どんな書類をどのように作成・準備して申請するかが非常に重要です。就労ビザ申請に必要な書類は、会社の規模や業種、本人の学歴などによって異なりますが、最低限必要な書類は決まっています。ただし、それらの書類は、**提出すれば審査はしてもらえますが、許可を保証するものではありません。**なぜなら、**就労ビザの基準を満たしているという説明責任は、会社側および本人側にあるからです。**

審査をする入国管理局では、毎日、膨大な数（既存の中長期在留者だけでも220万人以上います）のビザ審査を行っています。いちいち「御社の場合は、あとこれとこれを提出して、このことについて説明書を書いてください。説明書を書く時は、入管法の○条に書かれていることを意識して、その条文の要件を満たしているか考えながら書いてくれると審査しやすいです。そしてそれを立証するための証拠があるといいですね。たとえば……」などと、詳細なアドバイスをもらえることは少ないでしょう。ですから、どんな人にも共通する必要最低限の書類が公表されており、その書類が出されていれば、一応審査は行ってもらえます。一部上場企業であれば、必要最低限の書類だけ完璧に提出しておけば、かなりの確率で許可が下りますが、上場企業でない場合、必要最低限の書類だけでは絶対的に不十分です。

就労ビザの申請は、極めて専門的な知識と技術が必要である上、非常にややこしいものです。また、書類の準備や折衝など煩雑な手続きが多く、個人で申請しようとすると大変な労力がかかるので、申請については、就労ビザを専門にしている事務所に依頼されることを強くおすすめします。

もしご自身で申請されるとなると、どのような書類が必要か調べ、申請書類一式を収集・作成し、管轄する入国管理局へ行って申請することになります。書類に不足や不備があると受け付けてもらえませんので、何度か入国管理局に行くことになるかもしれません。また、書類を収集・作成している段階で、どのように書けばよいのか、どこまで詳しい内容が必要なのか、この書類に会社印は必要なのか、コピーではダメなのかなど、さまざまな疑問が出てくると思われます。その都度、入国管理局などに確認して進めていくことになります。

また、先ほども述べたように、就労ビザを確実に取得するためには、申請に必須の書類を提出するだけでは不十分です。実務上、入国管理局から指示される書類以外に提出すべき書類が多数あります。追加で提出すべき書類については、入管法やそれに関連する省令、法務省で発行している在留資格審査指針などを理解していないと書けない場合も多々あります。

ちなみに、**初めて就労ビザの申請をする場合、手続きにかかる時間は平均しておよそ100時間です。**行政庁や大使館などへの移動時間も考慮すると、実際にはもっと時間がかかることになります。とある会社では、人事担当者1名がビザ申請の準備に忙殺され、1ヶ月間他の仕事が一切できなかったという話も聞いています。

一方、就労ビザを専門にしている事務所に依頼すれば、会社側の労力は激減します。たとえば当事務所に依頼された場合には、**会社側の所要時間は平均して5時間程度です。**基本的に必要な書類はすべて当事務所で作成しますし、そのための打ち合わせは顧客企業に伺って行います。会社側で必要な手続きは、決算書類などを用意していただくことと、こちらで用意した申請書類一式の確認、署名、捺印のみです。

各手続きの詳細を次のページの表にまとめましたので、専門事務所に依頼した場合と自社で行う場合を比較してみてください。サービス内容は事務所によって異なりますので、この表では著者の事務所で対応していることを例として記載しています。

項目	当事務所に依頼した場合 想定所要時間：合計5時間	自社で行う場合 想定所要時間：合計100時間
申請書の作成	当事務所が作成	書き方を調べながら、自分で作成します。不適切な表現、誤解されやすい文言もあります（特に職種欄）
職務内容説明書	情報をお聞きした上で、当事務所で作成。内容確認と署名だけお願いしております	自社で作成。初めて書く場合、どのような文言を使って書けばよいのか迷ったり、書き方を間違えたりすることもあるため要注意の書類です
会社概要説明書	当事務所が、会社パンフレット、ウェブサイトの内容を精査し、情報をお聞きした上で、ビザの審査にプラスになる材料を追加した説明書を作成。ビザの許可・不許可を左右する重要な書類です	会社パンフレット、ウェブサイトのコピーをそのまま提出してもよいのですが、そうすると、審査上誤解を招いたり、審査が長引いたりする可能性があります
本国の教育制度と現行運用についての調査資料	海外の大学を卒業されているなど、作成の必要がある場合、本国大使館、官憲などに確認した上で、当事務所が作成。必要に応じて日本語訳も行います	外国人本人の自己申告をそのまま鵜呑みにすると、不許可のリスクもあります。有名大学でない限り、本国大使館、官憲などに確認されたほうが安心です
登記事項証明書、上場関係資料の取得	法務局などから当事務所が取得代行	法務局で取得
提出資料に関する補足説明書 （例）新規事業に関する事業計画書、収支予算書、外国人社員のキャリアパス説明書など	作成の必要がある場合、資料を精査し、お客様と相談しながら、当事務所が作成。署名はお客様に行っていただきます	どんな書類が必要なのか自社で調べながら作成
本国書類の翻訳	当事務所が翻訳。もしくは実績のある翻訳会社に翻訳手配	自社で翻訳
在留資格認定証明書発行後の本国での手続き・入国までのサポート	当事務所が入国までサポート。具体的には、査証申請書の作成サポート、現地領事館でのインタビューに関するアドバイスなど	本人や会社が対応
【主に査証免除国の方】 在留資格認定証の発行前（就労ビザ許可前）の、短期滞在ビザ・観光ビザでの来日時に空港入国管理局に提出するレターの作成	作成の必要がある場合、当事務所が作成	年に何度も来日している方は、入国時に空港で別室に連れていかれることがあります。この事態が発生した場合、滞在目的や滞在予定を詳細に記載したレターが有利に働きます。できるだけ作成しておいてください

また、よくあるケースとして「一度、自分で申請したけど不許可になったから次は専門家にお願いすることにした」というものがあります。**一度、不許可になってしまうと、その記録は入国管理局に保管されてしまいます。**二度目、三度目の申請となると、許可が下りる可能性はより低くなってしまいます。

さらに、一度目の申請情報を本人がよく覚えておらず、どんな書類を提出したか記録を残していないことが多いため、その情報を確認できないことがあります。しかも、重要な部分に関する情報こそが不足することがよくあるのです。こうなると、最初の申請情報を取り寄せる手続き（保有個人情報開示請求）が必要となり、この手続きだけで1ヶ月程度かかってしまいます。その分、ビザ取得のための申請手続きが遅れてしまい、当然、許可が下りるまでの期間が長くなります。在留期限が十分に残されている場合はまだいいのですが、期限が残り少ない場合には、一度目の申請に関する情報をきちんと確認できないまま再申請をすることになってしまい、結果的に不許可になるということもあります。やはり、最初から専門家に任せることをおすすめします。

優秀で良心的なビザ専門事務所の探し方

就労ビザ申請は、会社の事業計画のみならず、外国人本人の人生を左右する非常に重要な手続きです。特に初めてのビザ申請は、ビザ専門事務所に依頼されることをおすすめしますが、その際、どの事務所に依頼すればよいのか判断に迷うことが多いと思います。専門事務所に依頼したのに、自分でやることが多くてびっくりした、という事態にならないように、事前に事務所側で代行してもらえる作業、品質などについて確認されたほうがよいです。特に、次の点に留意しながら選べば、失敗しないでしょう。

●資格を持った行政書士が直接対応してくれるか

ビザ専門事務所の中には、弁護士や行政書士ではなく、スタッフ（補助者）に相談対応を任せているところもあるようです。簡単な連絡や書類の受け取りなどはスタッフでも構わないと思いますが、依頼者との面談については、弁護士や行政書士が対応してくれる事務所に依頼したほうがよいと思います。なお、「行政書士有資格者」と「行政書士」は異なります。行政書士有資格者は、行政書士試験に合格しただけの人、行政書士は試験に合格し、行政書士として登録をしている人です。**実際に行政書士としての業務を行うことができるのは、行政書士の登録者です。**また、ビザ専門の行政書士であれば、申請取次の資格も持っています。名刺などに**「申請取次行政書士」**と書いてあれば、より安心です。

また、弁護士と行政書士どちらに頼んだほうがよいのか気になる方もいると思いますが、就労ビザを扱っているのは行政書士のほうが圧倒的に多いです。ビザ申請は単発の仕事が多く、一件あたりの報酬も少ないため、弁護士でビザ申請を積極的に扱う人は少ないのが現状です。ただ、訴訟を考えていたり、難民申請中など特別配慮を求めたりする案件であれば、弁護士に依頼するのがよいでしょう。

◉料金が明確か

料金は事務所によって大きく異なります。最初から総額を伝える事務所もあれば、細かく追加料金がかかる事務所もあります。あと、実費は含むのか、消費税込みの料金なのかも確認してください。翻訳書類が多い場合などは、翻訳料が料金に含まれているのかどうかも確認したほうがよいでしょう。

◉返金規定の有無

就労ビザの申請は、不許可になることが稀にあります。不許可になった場合の返金の規定は事務所によって異なるので、事前に確認しておくようにしましょう。返金に関しては、大きく分けて次の3パターンがあります。

①不許可であっても全額支払い

事務所の仕事は許可を取ることではなく、書類作成と申請代行、コンサルティングなので、これらのサービスを提供している限り、その分の支払いはお願いしたいという考え方の事務所です。許可であっても不許可であっても事務所側の作業はほとんど同じなので、金額も同じになる、ということです。

②不許可の場合、着手金のみ支払い（成功報酬なし）

これが一番多いパターンです。着手金と成功報酬の割合は事務所によって多少異なりますが、だいたい半額ずつの事務所が多いようです。

③不許可の場合、着手金も含めて全額返金

金銭的リスクをすべて事務所側が持つというパターンです。一見すると、「着手金も取らないなんて質が低いのではないか」と思われるかもしれません。しかし、返金規定がある場合には、必ず例外規定があります。たとえば偽造卒業証書を提出していたり、不利な事実を隠していた場合は例外とする、などです。就労ビザが不許可になる理由は、学歴要件不足、職務内容が適合しない、経営状況が安定しないなど、ほとんどがお客様側の原因ですから、ある程度実績のある事務所は、依頼時に正確な情報さえあれば許可の可能性を判断できるのです。ですから、その判断が間違っていたら、事務所側でリスクを負いましょうという、いわゆるリスクリバーサルの考え方をとっている事務所になります。依頼する側にとっては一番安心ですね。

なお、不許可の場合でも、その理由を精査し、問題となっている点を改善して再申請すれば、許可になる可能性もあります。再申請に関する対応についても、事務所によって異なりますので、この点も正確に確認しておきましょう。

就労ビザが下りないケースを押さえておこう

この章のはじめにも述べましたが、就労ビザの基準を満たしているという説明責任は、会社側および本人側にあります。もちろん、就労ビザ専門の事務所に頼むことで、許可が下りやすい書類を作成してもらえたり、申請に有利に働く書類を用意してもらうことが可能になります。しかし、事務所の努力の問題ではなく、本人もしくは会社側の理由で、どうしてもビザが下りない場合もあります。ですから、就労ビザが下りないケースにはどんなものがあるのかについては事前に知っておきましょう。本人側に原因がある場合と、会社側に原因がある場合で分けて説明します。

▼本人側に原因がある場合

●学歴不足、学歴詐称

原則、日本で働くためには、何らかの学歴が必要です。就労ビザの種類によって、求められる学歴は異なりますが、ここでは、一般企業で働く場合の就労ビザ（技術・人文知識・国際業務ビザ）の学歴要件を例に出します。このビザを取るためには、原則、大学院や大学等を卒業していることが必要です。この大学等という定義が「くせ者」です。日本の学校であれば、大学院、大学、短期大学、高等専門学校、専門学校（専門士学位必須）を卒業していれば、学歴要件については満たすことができます。問題は、海外の大学を卒業していた場合です。海外の大学が日本の大学に相当すると判断されない場合、学歴要件不足として就労ビザが下りないこともあるのです。

また、注意すべきなのは、**外国人から提出された卒業証明書が偽造されているケース**です。これは決して稀なケースではありません。一部の国では、学歴を買うという習慣が残っています。また、海外の人材斡旋会社等を利用した場合に、その会社が卒業証明書を用意するケースもあるのです。こうした場合、本人に自覚がある場合とない場合があります。本人に自覚がある場合、企業側としても厳しく指導し、内定を取り消すなどの対応ができます。問題は本人に自覚がない場合です。前述したように、海外の人材斡旋会社等が卒業証明書を偽造した場合、それが原因で就労ビザは不許可になります。ですから、本人の学歴については、事前に専門家にアドバイスを求めるなどの対策を講じることをおすすめします。

●実務経験不足、実務経験の証明が不十分

学歴要件と似ていますが、実務経験については、卒業証明書の代わりに在職証明書を出すことが多いです。ですが、在職証明書だけ提出しても、ほとんどのケースでは就労ビザは不許可になります。在職証明書は証明力が弱いからです。たとえば知人の社長に頼んで、働いたことにしてもらうことが可能です。就労ビザを審査する入国管理局も、そのことをわかっています。ですから、実務経験を証明する必要がある場合、在職証明書だけでなく、勤務期間の給与証明書、給与振込の記録、納税証明書、在職時の名刺、当時の同僚との写真などを添付したほうがよいでしょう。

▼会社側に原因がある場合

●職務内容の説明が不十分

職務内容については、特に専門学校卒業者において厳しく慎重に審査されます。仕事内容だけでなく、仕事の量が十分にあるか、仕事の水準はどうか、なども審査対象です。仕事内容が複数ある場合には、それぞれの仕事にあてる想定労働時間も審査されます。たとえば、観光ホテルの場合、就労ビザに該当する職務は、フロント対応、外国語対応、外国人向け販売促進業務、法人営業などです。ですから、観光ホテルで外国人を採用したいと考えている場合、仕事の8割がベッドメイキングで、残りの2割がフロント対応であれば、就労ビザは下りません。逆の割合であっても、おそらく厳しいでしょう。

●会社側の経営安定性が弱い

設立したばかりの会社、会社規模に対して大幅な負債を抱えている会社、何をやっているかわからない会社の場合も、就労ビザは許可されない傾向にあります。ただ、こうした状況であっても、きちんと理由と対策を説明でき、根拠となる証拠を提出することができれば、就労ビザが許可される可能性も十分にあります。

◉その他

会社側が、過去に不法就労をさせたことがあったり、外国人側に法令違反歴がある場合にも、就労ビザは許可されない傾向にあります。ただし、ある程度年数が経過している場合は別です。外国人側にこうした過去がある場合、内定を出すかどうかは慎重に判断してください。

また、就労ビザが不許可になった場合、本人だけでなく「家族滞在ビザ」で日本に滞在している家族も日本にいられなくなります。「家族滞在ビザ」とは、就労ビザを持っている外国人が扶養している配偶者や子どもに与えられるビザのことです。たとえば、3人家族の外国人家庭があり、父親が就労ビザを持っていて、母親が専業主婦、子どもが大学生だとします。この場合、母親と子どもは「家族滞在ビザ」を申請することで、父親と一緒に日本に住むことができますが、父親の就労ビザが不許可になると家族全員が日本にいられなくなるということです。子どもが学齢期であっても同様です。

不法就労と知らずに働かせるとどうなる？

前述のとおり、就労ビザを持たずに日本で働くことは違法です。また、本人だけでなく、就労ビザを持たない外国人を就労させていた会社側も罪に問われるので要注意です。大事なことですので、ここであらためて、不法就労についてまとめます。

▼不法就労とは

不法就労には大きく分けて3つのケースがあります。一つ目は、**就労ビザを有していないのに仕事をして収入を得ている状態**です。二つ目は、**就労ビザは持っているが、そのビザでは許可されていない仕事を行っている状態**です。三つ目は、**就労ビザの期限が切れているにもかかわらず、引き続き仕事をしている状態**です。

なお、日本に滞在していること自体が違法となっている状態は「不法滞在」と呼びます。ほとんどの不法滞在者は、不法就労も行っているのが現状です。

▼不法就労させた場合はどうなる?

不法就労をさせている会社は「不法就労助長罪」という罪に問われることとなります。この罪に該当するのは、「営業活動において外国人に不法就労活動をさせた者」「不法就労活動をさせるために外国人を雇用した者」「外国人に不法就労活動をさせる行為又は前号の行為に関して斡旋した事業者」です。最悪の場合、事業者が逮捕・起訴されるということもあり得ます。知らなかったでは済まされません。不法就労にならないかどうかをきちんと確認することも会社側の大切な役割と言えます。

たとえ起訴まで至らなくても、不法就労に関与していると、本当に外国人社員がほしい時に採用できなくなります。都内で旅行会社を運営するA社では、数年前に知人の飲食店店主から頼まれて、ある中国人男性を自社で雇ったことにして就労ビザを取りました。その1年後、当局の摘発により、A社の不法就労に対する関与が判明しました。幸い、A社の経営陣全員は不起訴になったのですが、その事件があってから4年後、中国企業との大規模プロジェクトが決まり、本当に中国人社員が必要になりました。A社では日本の国立大学を卒業した5人の中国人に内定を出したのですが、全員就労ビザが不許可となりました。不許可理由を確認したところ、やはり**過去の不法就労への関与が原因**でした。

不法就労していた外国人本人は入管法違反に問われ、在留資格取消の処分となり、本国へ帰国しなければなりません。強制退去の場合もあります。また、当分の間、日本に再入国することは困難となります。

もし、不法就労している外国人を見かけた場合には、本人に入国管理局への出頭を促すか、通報することも必要です。日本社会として、不法就労をしない、させないという姿勢を作っていくことが大切です。

▼留学生等が週に28時間以上アルバイトをするとどうなるか？

不法就労についてはアルバイトも同様です。第1章でも述べましたが、留学生がアルバイトをする場合には「資格外活動許可」を申請することで、週28時間まで働くことができます。もし留学生が28時間を超えてアルバイトをして、それが判明した場合、留学生と雇用主の両方に罰則があります。留学生は不法就労となり、留学ビザの更新や、就労ビザへの変更が難しくなります。あまりにも悪質な場合（学校に通わずにアルバイトばかりしている等）、強制送還の処分になることもあります。

そして会社側には、不法就労助長罪が適用される可能性があります。罰則としては、3年以下の懲役、300万円以下の罰金、またはその両方が科されます。

このように、不法就労は「知らなかった」では済まされないのが怖いところです。ビザのことは本人がわかっているだろう、と完全に本人任せにするのではなく、採用後にも「彼の就労ビザの期限はいつまでなのか」といったことをきちんと把握できる態勢を作っておきましょう。

第9章

外国人雇用のＱ＆Ａ

Q 外国人社員は副業できるのか？

最近、副業解禁の企業が増えてきましたが、就労ビザを取得して働いている外国人は、基本的に副業はできません。**就労ビザとは「ある特定の会社で働いてもよい」というビザです。**原則として、その特定の会社（勤務先）以外での副業は禁止されています。

実際にあった事例なのですが、ある外国人が貿易会社に勤めていました。しかし、その会社は業務縮小のため、仕事が少なくなり、その外国人はやむなく近所のスナックでアルバイトを始めました。きちんと営業許可を取っているお店です。彼女は、就労ビザを持っており、貿易会社を辞めたわけではないので、問題ないと考えたようです。平日の3日間は貿易会社で働き、土日を含めた3日間はスナックで働くという生活が3ヶ月ほど続いたそうです。ある日、警察の立ち入り検査があり、彼女は連行されました。数日間、警察署に勾留されたそうです。その後、就労ビザの更新も不許可となり、彼女は日本にいられなくなってしまいました。

ただし、勤務先の会社が副業を許可している場合、副業をしなければいけない相当な事情がある場合などは、「資格外活動許可申請」を行い、許可が下りればアルバイトなどをすることも可能です。しかし、留学ビザや家族滞在ビザを持っている方であれば、資格外活動許可は比較的容易に許可されるのですが、就労ビザを持っている方の資格外活動許可は難易度が高いです。基本的には、就労ビザで副業をすることは難しいと考えておくのがよいでしょう。

Q 外国人社員が仕事中に怪我をした場合に注意することは？

▼万が一の事態に備えて念書を用意

就労ビザで働く外国人社員が、仕事中事故に遭い、緊急手術が必要になった場合、日本人の親族（夫や妻）がいれば、日本人社員と同じように対応すればよいと思います。つまり、親族に連絡をとり、手術同意書にサインをもらうのです。

問題は、日本に親族がいない場合です。就職時に身元保証人をたててもらっている場合は、その身元保証人に連絡します。身元保証人もいない場合に備えて、平時から以下の準備をしておくとよいでしょう。

●**日本在住で連絡のつく人に、身元保証人になってもらう**

これは入社に際しての身元保証ではなく、あくまで緊急時の対応（手術同意書へのサイン）のための身元保証です。

●**万が一に備えて、外国人社員本人から念書を取っておく**

本人および本人の両親に次のような念書を書いてもらうと、より安心です。

「万が一、緊急手術等が必要になり、私の意識がない場合、あるいは私の意思表示が困難な場合、会社および医療機関の判断に従います。その判断について事後に異議申し立てを行いません」

●**顧問弁護士に状況を伝えておき、緊急時の対応についてアドバイスを受ける**

個々の状況により、ベストな判断をするためには、弁護士など専門家のアドバイスを事前に受けていたほうがよいでしょう。

▼至急、外国人の母国の親族を日本に呼ぶ方法

北米や欧州、韓国、台湾などの、査証免除国の方であれば、航空券さえ取得できればすぐにでも来日することができます。しかし、査証免除国でない場合、来日するために、査証申請を行う必要があります。通常であれば、早くても6日ほどかかります。日本に住む外国人に有事があり、至急、母国の親族を日本に呼ぶ必要が出た場合、すぐに現地国の日本大使館に相談してください。正当な理由があれば即日、遅くとも翌日には査証が発行されます。**診断書、上申書などが必要となる場合が多いので、日本側で準備しておいてください。**なお、緊急の場合、診断書や上申書などは、メールやＦＡＸで確認できる状態であればよしとされることが多いです。

Q 外国人社員の退職時に気を付けることは？

▼外国人から退職を相談されたら

外国人から退職を相談されたら、まず転職先が決まっているのかどうか、絶対に確認してください。**就労ビザを持っている外国人が退職した場合、退職後3ヶ月以内に転職しないと、ビザが取り消される可能性が出てくる**からです。このことを知らない外国人もいます。安易な気持ちで退職してしまい、3ヶ月経過しても転職先が決まらず、困り果てている外国人がたくさんいます。もし、まだ転職先が決まっていないようなら、転職先が決まるまで続けてはどうか、と提案しましょう。その間にじっくり話し合うことで、本人が退職意思を撤回するかもしれません。案外、ささいな誤解や一時的な感情で退職を言い出している可能性もあるからです。

▼退職時にサインしてもらう書類とは

外国人の退職意思が固い場合には、書面で退職願いを提出してもらいましょう。会社側で退職願いの書式を用意しておくことをおすすめします。退職願いについては、あくまで本人の自己都合による退職を証明するためのものですから、本人の氏名、生年月日、退職理由、退職希望日が書かれていれば十分です。簡単な書類ではあるのですが、退職願いを書面で残しておかないと、後でトラブルになることがあります。

また、**秘密保持に関する誓約書にもサインしてもらいます。**これは必ず行ってください。日本人の場合、こうした誓約書がなくても、辞めた会社の秘密情報は漏らさないことが多いと思います。しかし、外国人の場合にはこの感覚が異なるかもしれません。悪気はなくても会社の秘密情報を話されてしまうことのないよう、書面できちんと誓約書をもらっておきましょう。

▼退職時に会社が行うべきこと

外国人特有の退職時の手続きとしては、入国管理局およびハローワークへの届出があります。現時点では、会社側からの入国管理局への届出は努力義務です。しかし、**ハローワークへの「外国人雇用状況に関する届出」は必須です。**届出を怠ると30万円以下の罰金の対象となります。ただし、雇用保険に加入していた場合は、雇用保険被保険者資格喪失届を出せば「外国人雇用状況に関する届出」は不要です。

なお、**外国人本人が行うべきことは「契約期間に関する届出」を入国管理局に対し14日以内に提出する**ことです。入国管理局のウェブサイトから書式をダウンロードできます。A4用紙1枚のごく簡単な書式ですので、必ず提出するように指導しておきましょう。

また、これは日本人が退職した時も同様ですが、源泉徴収票の交付、雇用保険離職票の交付、健康保険の保険証回収、その他備品の回収などが必要です。法律上、源泉徴収票については、何度でも発行すべきであると規定があります。外国人の場合、ビザ更新手続きや永住ビザ申請、帰化申請など、さまざまな手続きで源泉徴収票が必要となります。面倒だからといって、発行しなかった場合、外国人側が労働基準監督署に相談するケースもありますので、注意してください。さらに、退職証明書についても、元従業員から求められた場合には、会社が発行する義務があります。

Q 個人事業主でも外国人を雇用できるのか？

▼個人事業主でも就労ビザ取得の可能性はあるがハードルは高い！

個人事業主で、就労ビザ取得を検討するケースとして多いのは英会話学校です。また最近では、民泊の事業会社も増えてきました。雇用主が個人事業主であっても、要件を完璧に満たせば、就労ビザを取得できる可能性がありますが、やはりハードルは高いです。

ここからは、個人事業主による就労ビザ審査の主なポイントについて、解説します。

●事業の安定性と継続性

開業したばかりの個人事業主であれば、事業計画書とその根拠となる資料を提出します。これまでの実績があれば、代表者の確定申告書、事業用の通帳コピーなどを提出することで、事業の安定性と継続性をアピールできるでしょう。特に、フランチャイズ展開していたり、10年以上経営していたりするなど、事業基盤があれば比較的就労ビザを取得しやすいでしょう。

●事務所

代表者（雇用主）の自宅とは別に、専用の事務所を確保していることが望ましいです。

●雇用の必要性、職務内容

説明書類の書き方によって、許可・不許可が決まる大事な要素です。

▼外国人雇用を機に、法人化する場合の留意点

外国人雇用を機に、個人事業主から法人化される場合、次の点に留意して会社設立をされると、スムーズに継続雇用できます。

◉会社名

○○食品、○○ビルメンテナンス、○○清掃という会社名にしてしまうと、現場就労（単純作業に従事）ではないかという先入観を持たれやすいので、避けるほうが無難です。

◉事業目的

将来的に行う見込みのある事業すべてを記載したほうが、雇用できる外国人の条件が広がります。たとえば、ゲストハウスの経営を主たる事業とされる場合、「ゲストハウスの経営」とだけ記載するのではなく、翻訳サービス、語学教室、不動産の売買など、将来的に行う見込みのある事業すべてを記載してください。そのほうが、ビザの観点だけでなく、事業拡張の際にスムーズです。

Q フリーランスのための就労ビザがある？

外国人講師や通訳ガイド、デザイナーなどの仕事をしている外国人の中には、特定の一社に依存せず、複数の企業や個人と契約を結び、安定した収入を得ている人もいます。働き方改革などに伴い、こうした外国人は今後も増えていくと思われます。

こうしたフリーランスとして活躍する外国人のためのビザがあります。このビザは「セルフスポンサードビザ」という通称で呼ばれることが多いです。欧米諸国では、このようなビザ制度がある国があるため、通称としてこの名前が広く認知されています。

ただし、このビザの取得は簡単ではありません。ビザの申請自体は誰でも可能ですが、申請書類の収集や作成にはかなりのノウハウが求められます。大きな要件としては、次のとおりです。

・本人の最終学歴が大学卒業以上であること（4年制大学のほうが許可率は高い）
・仕事内容が、通訳、翻訳、語学教師、モデル、バイヤーなど、語学や海外業務等に関連していること（理系職種の場合、SEや電気工事等の仕事）
・学歴がない場合、上記職種に関して、3年以上の実務経験があること（理系職種の場合、10年以上の実務経験）
・（目安として）今後3年間、安定した収入が見込めること
・契約先が安定していること（企業であれば、資本金や売上等から判断。個人であれば長年の契約実績）

その他、細かい要件がいくつかあり、それらすべてを満たしていることが最低条件で、その上積みをどれくらい立証できるかで、許可・不許可が決まります。

こうしたビザを取得しフリーランスで働いている外国人がいる、ということは、企業側にとってはぜひ知っておきたいことですね。自社ではフルタイムで雇用する必要性はないが、必要な時に必要な時間だけ働いてほしい場合などに業務委託契約という形で活用できます。ただ、業務委託契約であっても、実態が雇用契約と変わらないのであれば、労働基

準法が準用される可能性があります。個別事案によって異なりますので、業務委託契約を結ぶ際には、ハローワークや労働基準監督署にも相談しておいたほうがよいでしょう。

Q 会社にも外国人社員にもメリットがある高度人材ビザとは？

▼優秀な外国人社員への優遇制度

高度人材ビザとは、簡単に説明すると、特に高度な能力や資質を持つ外国人に対し、さまざまな優遇制度（メリット）を与えるという目的で作られたビザです。最終学歴や年収、実務経験、日本語能力、年齢などによってポイントが付与され、合計70ポイント以上になると、取得できます。

高度人材ビザを取得するためには、卒業した学校、役所、大使館等から必要書類を取り寄せ、本人の学歴・職歴、会社の事業内容、本人が従事する職務内容に関する説明書を作成します。そして、それらの根拠となる書類・証拠の収集が必要です。結構大変ですが、取得するメリットは大きいので、チャンスがあればぜひトライしてみてください。

▼高度人材ビザのメリット

高度人材ビザを取得すると、外国人にとっては次のようなメリットがあります。わかりやすく説明するため、細かい規定等を省略して説明します。

- **5年有効のビザをもらえます。つまり、5年間、更新不要です**
- **最短で1年後に永住申請が可能（80ポイント以上の外国人対象）**
- **高度人材外国人の配偶者もフルタイムで就労できます（例外規定は省略）**
- **7歳未満の子どもがいる場合、育児のために両親を呼び寄せることができます**

高度人材ビザを持つ外国人がいると、企業側にとってもメリットがあります。まず、ビザの更新が5年に1回なので、会社側で行う手続きの手間が削減されます。また、新規の外国人採用においても、有利に働きます。既存社員のビザが高度人材ビザであるということは、それなりの高収入を得ていることの客観的証拠になるからです。

そして、**高度人材を雇用できる規模、安定性のある企業だと評価されます。**結果的に、さらに高度な人材が集まりやすい状況になります。

Interview

外国人雇用
企業インタビュー

外国人雇用企業インタビュー

さて、次のページからは、実際に外国人を雇用している企業の方々に、採用や育成面での工夫、外国人を雇用したメリットなどを伺ったインタビューをご紹介します。

インタビュー01　株式会社ユーエスマネジメンツ
インタビュー02　株式会社ワンストップ・イノベーション
インタビュー03　合同会社アーティストリー&アイ
インタビュー04　株式会社デバンダ
インタビュー05　株式会社ナイキアクト

インタビュー No.01 株式会社ユーエスマネジメンツ 代表取締役 上島透様 企業 URL https://www.jpfudosan.com/	
事業内容	①アジア（主に中国、マレーシア）向け不動産の販売および仲介 ②福祉機器のレンタル（マレーシアから輸入し、日本にレンタル）
外国人社員の仕事	①物件案内・商談時の通訳、問い合わせ対応（中国語および日本語）、物件資料や図面の翻訳、売買契約書の翻訳、売買契約時の重要事項説明の通訳、司法書士による登記手続き時の通訳、運営するウェブサイトの翻訳・運営管理など ②マレーシアにあるメーカーとの折衝、商品仕様に関する連絡調整、発注、輸入状況の管理、納品先との連絡調整など

――面接ではどのような点を重視されていますか？

現在、中国語圏のお客様や取引先とのやりとりが多いので、中国語ができること、そして、コミュニケーション力があること、できれば運転免許を持っていることですね。語学力以外は、日本人社員の募集要件とそれほど変わらないと思います。ただし、外国人社員については、日本語の文書力にはある程度、目をつぶっています。外国人に完璧なビジネス文書を書けといっても酷ですから。それよりは、外国人のお客様への提案力、企画力を磨いてほしいと思っています。履歴書についても、多少の誤字脱字は大目に見ています。日本語を母国語としない外国人が一生懸命に書いてきた書類です。重箱の隅をつくような細かいところよりも，本人ときちんと向き合うことが大切だと思います。

――貴社の外国人社員は長く勤める方が多いと聞きました。外国人の育成法について工夫されている点はありますか？

そうですね。長く勤めてくれる人が多いですね。もちろん退職した社員もいますが、今でも全員と付き合いがあります。地元産のりんごを送ってくれる元社員がいたり、近くに来た時に顔を見せてくれる元社員もいます。社員同士は非常に仲がよいですね。当社の不動産事業のお客様の中には、母国に住みながら、日本の不動産に投資して、たまに来日する方がおられます。そんなお客様が来日された時には、お客様と一緒に社員全員でバス旅行に行きます。いろんな場所に行けて、社員たちは楽しんでいますね。

あと、会社で、リゾートホテルの会員権を持っているので、外国人社員のご両親が来日された時には、そのホテルを利用してもらい、親孝行に役立ててもらっております。ちなみに、給与や休日休暇については、業界平均レベルだと思います。営業成績に応じて賞与に反映させておりますし、原則、土日祝日は休みにしております。外国人社員だからといって、不利に扱うようなことはしておりません。

――外国人を採用されてよかったと思う点はありますか？

当社の外国人社員は、全員、日本の専門学校および大学を卒業しており、採用時点で、日本に住んで5年以上になる人が多いです。通訳の仕事をとっても、単なる通訳・翻訳ではなく、日本の商習慣や文化もよく理解しており、正確かつ的確な通訳・翻訳をしてくれます。また、学生時代に、多少日本の会社やお店でのアルバイト経験があるので、日本で仕事をするということがどういうことかわかっている点がよいですね。

インタビュー No.02
株式会社ワンストップ・イノベーション
代表取締役 大内卓様
企業URL https://onestop-i.co.jp/

事業内容	総合インバウンド支援事業（訪日外国人の集客支援、ECサイトの運用管理、バイリンガル人材の紹介および派遣事業など）
外国人社員の仕事	【集客支援事業】現地ニーズの調査分析、サイト制作など 【人材紹介、派遣事業】本社勤務社員：派遣社員の求人、派遣社員の採用面接、法人営業／派遣社員：空港免税店やブランドショップ等にて外国人のお客様向け通訳・翻訳、販売

――面接ではどのような点を重視されていますか？

日本企業で働くわけですので、日本人と仲良くできそうかどうかを見ます。海外在住者については、スカイプで面接します。他の条件が同じであれば、日本に住んだことがある人、日系企業で働いた経験がある人を優先的に採用するようにしています。いずれにしても、やみくもに採用するのではなく、最終的に採用に至るのは、全応募者の10％以下ですね。

――外国人の育成法について工夫されている点はありますか？

入社後のキャリアパスを明確にしています。肩書きや役職につく基準についても明確にしています。やはり具体的な目標があるとがんばれるようです。

また、社員たちはＬＩＮＥを利用して情報共有をしています。派遣社員は、ふだん派遣先で勤務するのですが、いつでも本社スタッフに悩み相談ができる仕組みになっています。派遣先の上司との関係や、営業スキルの向上に関する相談が多いですね。

それから、教育に関しては、３ヶ月に１度、フォローアップ研修を受けてもらっています。

――外国人を雇用されてよかったと思うことはありますか？

社員の半分以上が外国人なので、毎日刺激と活気があって楽しいです。時には、びっくりするようなことも起こりますが、それはそれで新しいビジネスのヒントになることもあります。あと、最近一番嬉しかったことは、派遣先の企業の担当者から、中国人に対する見方が変わったと言われたことですね。もちろん、よい意味で変わったとのことでした。今後もインバウンド事業を通して、優秀な外国人が日本で活躍するサポートを続けていきたいと考えております。

インタビュー No.03

合同会社アーティストリー＆アイ
代表社員 田村愛様

企業 URL https://www.artistry-hawaii.com/

事業内容	ハワイアンチャンティングジュエリーの企画、デザイン、制作、販売
外国人社員の仕事	ハワイアンジュエリーの制作、百貨店等でデモンストレーション販売（店内に簡易工房を作り、お客様の目の前でハワイアンジュエリーを制作）

――就労ビザを取る時、苦労されたとお聞きしたのですが……

日本で働くための就労ビザ（技能4号ビザ・宝石・貴金属・毛皮加工）を取得するためには、10年以上の実務経験が必要でした。これは自己申告ではなく、所属していた会社からの在職期間証明書、給与支払証明書などで証明する必要があります。

当社の外国人社員は、これまで30年以上の実務経験があり、ハワイアンジュエリーデザイナーとしては、世界トップレベルの技術者です。しかし、これまで会社や組織に所属していたわけではないため、在職証明書等がありませんでした。

そこで彼の実務経験を証明するため、彼が紹介されている国内外の雑誌記事、彼が制作した商品リスト、取引先からの推薦状、ハワイの工房の写真、材料の仕入れに関するインボイスなど、多数の資料を提出しました。彼は、日本の代表的なロックバンドのギタリストからも依頼を受け、彼のエレキギターにエングレイブ（彫刻）したという実績もあり、そのことが日本の音楽雑誌にも掲載されていたので、この点も有力な証拠になったのかもしれませんね。

――外国人社員を採用されてよかったことは何ですか？

そうですね。やはり本場の技術者が制作しているという点は、大きな強みになっていると思います。ただし、彼は日系アメリカ人なので、よく日本人に間違えられます。百貨店等でデモンストレーションをしていると、お客様から日本語で話しかけられます。彼はまだ日本語をよく理解できないため、英語で答えると、お客様が一瞬驚かれます。先日、常連のお客様に聞いた時、「日本人と似た外見だから、親しみを感じて話しかけやすかった。もし欧米の方が制作されていたら、いきなり英語で話すことに対して気後れしていたかもしれない」とおっしゃっていました。彼は、日系人ならではの親しみやすさと本場の技術者という2つの側面を活かし、日本でこれからも活躍していくと思います。

あと、彼は年に数回ハワイに出張し、材料の仕入れや現地視察等を行ってくるのですが、日本に戻る度、ハワイのお土産をたくさん買ってきてくれます。私や弊社のスタッフに対してだけでなく、弊社のお客様や取引先の方にも買ってきてくれます。お土産をもらった方からは、非常に喜ばれていますね。彼としては、ちょっとした感謝の気持ちなのでしょうが、こうした気遣いは、我々日本人もぜひ見習いたいですね。

インタビュー No.04
株式会社デバンダ
代表取締役 丸橋直人様
企業 URL http://debanda.com/

事業内容	インドネシア関連事業（インドネシア査証の取得代行、インドネシア進出支援事業、現地視察手配、通訳・翻訳など）
外国人社員の仕事	【インドネシア査証取得手続き】必要情報のヒアリング、申請書類作成、インドネシアからの書類取り寄せサポート、査証取得の進捗管理など業務全般 【その他の業務】インドネシア進出支援事業における商談時の通訳、契約書・提案書・視察案内等の翻訳、インドネシア視察時の通訳など

――外国人の募集はどのようにされていますか？

基本的には、インターネットの求人サイトを利用しています。日本人スタッフも含めて、年に数回募集をかけるので、求人サイトの担当者とも連携がとれており、今回はこういう人がほしいと伝えると、プロの観点から文章を作成し、掲載してくれます。自社では気付かなかった効果的な文言や求人キャッチコピーも考えてくれます。やはり餅は餅屋だと思いますね。

募集に関しては、門戸を広くすることを心がけています。最初から、あれもこれもと条件を絞って募集していくと、なかなか応募数が増えません。特に、初めて日本企業で働く外国人にとっては、応募条件が厳しすぎると、本当に自分でも務まるのかと不安に思ってしまう傾向にあるようです。ですから、あえて応募条件を緩く設定し、面接に来てくれた人の中から、優秀な人を選ぶようにしています。

——面接ではどのような点を重視されていますか？

面接では、向上心があるかどうか、仕事に対して意欲的かどうかを見極めます。今の社員については、面接の段階で、かなり優秀であること、向上心があることに気付きました。実際、彼女は入社する前に、現行のインドネシア査証の種類、取得要件、必要書類、審査期間など、一通りのことを勉強してきました。インドネシア査証に関するウェブサイトをチェックして、重要な点については頭に叩き込んできたそうです。びっくりしましたね。入社して2週間で、一通りの仕事ができるようになりました。採用の重要性を身にしみて感じました。

——外国人の育成法について工夫されている点はありますか？

社員を信じてある程度任せること、管理しすぎないことですね。実は以前、外国人社員を採用した時、細かく指示しすぎてしまいました。すると、こちらが指示したことはきっちりやるのですが、指示されたことしかやらなくなってしまい、仕事を自分で見つける姿勢が育ちませんでした。今の社員については、基本的にかなりの部分を任せて、自由にやりやすいように仕事をしてもらっています。

また、月に1度、外国人社員と個別面談を行い、評価の見直しをします。社員にとっても、きちんと評価されていることがわかりますし、今後のキャリアパスも見えてくるので、安心するようです。

――外国人雇用を機に社内で変わったことはありますか？

優秀な外国人が社内にいると刺激になります。

あと、最近では、外国人社員に、インドネシア査証取得業務全般を任せることができるようになったので、私が新規事業の企画立案をするための時間をとれるようになりました。今後、新規事業を加速展開させたいと思っています。

インタビュー No.05

株式会社ナイキアクト

代表取締役 内木雄大様

企業URL http://mickeyhouse.jp/

事業内容	シェアハウスの運営、外国語交流カフェ「ミッキーハウス」の運営、人材コーディネート事業
外国人社員の仕事	就労ビザを取得している外国人：人材コーディネート業務（クライアントの条件に合う外国人の調査、選定、マネジメント、通訳・翻訳など）／アルバイトスタッフ：外国語交流カフェの運営

――貴社の事業内容について教えてください

東京の高田馬場で、シェアハウスの運営、外国語交流カフェ「ミッキーハウス」の運営、人材コーディネート事業を行っております。

シェアハウス事業については2012年に別会社として法人化しておりますが、35年以上続く「ミッキーハウス」については、私で4代目であり、7年前に先代から引き継ぎました。

最近では、英語以外の言語にも力を入れています。お客様のご要望に応じて、フランス語、ドイツ語、スペイン語、イタリア語と数々の言語を増やしていった結果、なんと今では16ヶ国語を扱うまでになりました。同じ営業時間内であればどの言語テーブルにも参加できるので、

「ちょっとフランス語を試してみて疲れたら英語に戻る」なんていうことも可能です。

――現在、外国人社員はどのような仕事をされているのですか？

弊社で就労ビザを取得している外国人は、主に人材コーディネート業務を担当しております。当社には、テレビ局各局や広告代理店等から、TV番組に出演してくれる外国人モデル・外国人留学生等の引き合いが多数あります。最近では、「ここがヘンだよ日本人」「なんでもワールドランキング ネプ&イモトの世界番付」などの外国人出演番組から問い合わせがありました。当社の外国人社員は、クライアントの条件に合う外国人の調査、選定、マネジメント、通訳翻訳などを担当しております。

当社のアルバイトスタッフ（留学生や日本人と結婚している外国人）は、主に外国語交流カフェの運営スタッフとして採用しております。

――なぜ、外国人を募集されたのですか？

日本人社員でもよいのですが、当社では、外国の文化や感性も学んでほしいと思っておりますので、カフェの運営スタッフは全員外国人です。

──面接ではどのような点を重視されていますか？

一番重視するポイントは、コミュニケーション力ですね。たとえ日本語力が弱くても、コミュニケーションをとろうとする意識が高い人は、採用する確率が高いです。あとは、最低限のビジネスマナーを備えているかですね。面接の時間に平気で遅れてくるような人、場違いな恰好をしてくるような人は、採用後にトラブルが起きることが多いと思われるので、採用しません。

──外国人の育成法について工夫されている点はありますか？

最低限のルールを教えて、あとは自由に仕事をさせています。たとえば、外国語交流カフェでは、細かい指導案やレジュメを作成することもできるのですが、あえてそれらを作らず、お客様に自然な会話を楽しんでもらえるように、講師自らがいろいろ考えて会話を進めています。

――外国人雇用に関して、日本人と違うと思ったことはありますか？

最近はあまりないのですが、過去にはありました。具体例をあげると、ある外国人スタッフが、社長である私の指示には従うけれども、先輩スタッフからの指示には従わないということがありました。その先輩スタッフに対して、「なぜおまえが指示するのだ」というような態度をとったそうです。そのことがあってから、新人スタッフに対しては、指示系統や上下関係を教え、また理由も説明しています。そうした結果、指示系統が明確になり、外国人スタッフとしても仕事がやりやすくなったようです。

――最後に、これから外国人を採用される企業様に向けてメッセージがあればお話しください。

当社の場合、いろいろな国籍の外国人が働いています。外国人と一緒に働くと、毎日刺激があって非常に楽しいです。この国の人はこうだからという先入観を持たず、その人個人を見るようにしていくと、彼らが持つ実力を思う存分に発揮してくれるものと思います。

付録

自社で就労ビザ申請をする人のために

第8章で述べたとおり、就労ビザの申請は、基本的には専門の事務所に依頼するほうが確実です。ただ、さまざまな事情で事務所への依頼が難しい場合には、自社で就労ビザの申請を行わなければなりません。本書の最後に、そうした状況を想定して、就労ビザの申請に必要な書類や手続きの話をしていきます。

▼就労ビザ申請、これだけは出さないと受付拒否される

すべての方に共通する書類は次のとおりです。これらの書類がそろっていないと、原則として受け付けてもらえません。

【外国人本人が用意する書類】

在留資格申請書／証明写真（直近3ヶ月以内に撮影したもの。4㎝×3㎝）／最終学歴の卒業証明書／パスポート／在留カード（保有している方のみ）

【会社が用意する書類】

登記事項証明書（法務局発行）／会社案内／雇用契約書もしくは労働条件通知書／直近年度の決算書類／直近年度の源泉徴収の法定調書合計表（税務署受付印付き）

この中で書式を間違えやすい書類が在留資格申請書です。この在留資格申請書を見ると、申請内容の全体像がわかるようになっています。海外から呼び寄せる場合は、**「在留資格認定証明書交付申請書」**、既に何らかのビザで日本に住んでいる人が就労ビザを取りたい場合は、**「在留資格変更申請書」**、既に就労ビザを持っている人がビザを延長したい場合は、**「在留資格更新申請書」**を使用します。この書式を間違えると、一切受け付けてくれません。入国管理局は全国に50ヶ所以上あり、多少のローカルルールがあるのですが、この点に関しては、全国統一の扱いです。対応に全くぶれがありません。書き直すだけならまだよいのですが、申請書には、会社の代表者（通常は代表取締役）の印鑑が必要です。せっかく代表者印をもらったのに、再度もらう必要が出てきますので、書式の間違いには十分に注意しましょう。

▼この書類を出さないと、かなりの確率で不許可になる

◉採用経緯および職務内容説明書

会社の事業内容、今回の採用経緯、当該外国人が担当する職務内容、給与体系、今後のキャリアプラン、労働契約の補足説明などを書く書類です。書式は自由です。通常、Ａ４用紙に、3～10枚くらいで書くことが多いです。場合によっては、入社3年目までの育成計画書や組織図などを添付することもあります。また、今回の外国人採用を機に、新規事業を開始する場合（たとえば、これまで国内販売のみだった会社が貿易事業を開始するような場合）には、その新規事業に関する事業計画書、収支予算書（今後2年分）、取引先候補の詳細情報、新規事業計画に関する役員会の議事録なども添付します。その他、当該事業に関して政府

や自治体の補助金、助成金が出ている場合には、その関連資料も添付したほうがよいでしょう。

◉本国の教育制度と現行運用についての調査資料

査証免除国（簡単に言うと欧米先進国、韓国、シンガポールなど、ビザなしで双方の国に観光目的での入国ができる国）の場合、不要とされることが多いですが、アジア、中南米、アフリカ諸国の場合、本国の教育制度に関する説明書類と根拠書類を求められることがあります。当事務所のようなビザ専門事務所に依頼されている場合、事務所側で調査、作成しますが、自社で手続きされる場合は、文部科学省や外務省で公開されている資料、関連文献などを添付します。また、本国大使館や本国の官憲等にて直接確認したほうがよい場合もあります。大使館によっては、詳細な資料を配布していることもあります。いずれの場合も、日本語訳が必要です。

◉翻訳書類

本国の高等教育機関（大学院、大学、高等専門学校、職業大学校など）を卒業している場合、卒業証明書や学位証明書などの日本語訳も必要です。建前としては、翻訳は誰がやってもOKとなっていますが、実際は専門の翻訳会社に依頼したほうがよいです。なぜなら、本人自身が、本国の教育制度を明確に理解していないことも多く、難解な学術用語を正確な日本語に訳すのは、専門家でもなかなか難しいからです。過去には、本当は「○○専門大学院修了（日本の大学院1年次修了相当）」と訳すべきなのに「専門学校卒業」と書いてしまったばかりに、就労ビザが不許可となってしまったケースもあったようです。

▼審査官の立場で考えた申請書作成のコツ

就労ビザが許可されるか否かは、入国管理局に提出する書類によって決まります。どのような書類を用意すればよいのかは、個々のケースによって大きく異なります。

◉就労ビザの申請の際に見られる要素（一例）

・**本人**　学歴、実務経験、語学能力、資格の有無など
・**会社**　規模、売上、納税状況、沿革、取引先、許認可の有無など
・**職務内容**　学歴（実務経験）との関連性、職務内容の信憑性

こうしたさまざまな要素が総合的、連動的に審査され、許可・不許可が決まります。

法律的な話になりますが、入国審査官は、次の法令等を基準として、ビザの許可・不許可を決定します。

①出入国管理および難民認定法（通称、入管法）
②法務省令　上陸許可基準
③在留資格審査要領（上陸許可基準を具体的に文章化したもの）
④在留資格ガイドライン
⑤過去の判例、類似事例

外国人の間では、「就労ビザの許否は、審査官の裁量で決まる」「地方入国管理局のほうが許可されやすい」といった噂もあるようです。現場感覚としては、当たっている部分もなきにしもあらずといったところですが、やはり審査の根幹をなすのは、明文化された法令等だと感じております。

ですから、確実に許可を得るためには、法令等の基準を正確に理解した上で、申請書類一式を用意する必要があります。ただし、難解な法令を正確に読み解くことは、専門家でも簡単なことではありませんので、最低限これだけは確認しておきたい点を紹介したいと思います。

◉本人側の確認事項

・学歴要件（大学卒業相当）を満たしているか
・卒業証明書、履歴書に虚偽がないか
・学歴がない場合、実務経験要件（職種による）を満たしているか
・留学生時代のアルバイトは資格外活動の範囲内か（アルバイトの時間は週に28時間以内であったか）

・転職者の場合、現時点で納付すべき納税義務を果たしているか
・転職者の場合、前職の退職に関する届出を入国管理局に提出しているか
・これまでのアルバイト歴に虚偽、記載漏れがないか

●会社側の確認事項

・企業側が過去に入管法違反をしていないか。外国人雇用関連の訴訟に関係していないか
・公序良俗に反する事業を行っていないか
・事業を行う場所、つまり事業所が確保されているか（バーチャルオフィス等ではないか）
・直近年度に大幅な赤字、大きな負債がないか（絶対条件ではないが、ないことが望ましい）

●仕事内容、給与に関する確認事項

・報酬要件（日本人と同等以上）を満たしているか
・職務内容が現業労働や単純労働ではないか
・安定的、継続的な仕事であるか（業務量が十分に確保されているか）
・雇用条件は適正か（労働基準法に違反していないか）

・本当にその職務を行うのか。当局から指摘された時十分に立証できるか
・その他、誤解を受けるような要素がないか

▼就労ビザの有効期間は何を根拠に決まるのか 何年経っても1年ビザしかもらえない人がいる!?

通常、**就労ビザの有効期間（在留期間）は、1年・3年・5年のいずれか**になります。

就職していきなり5年ビザが出る場合もありますし、何年経っても1年ビザしか出ない場合もあります。

弁護士や行政書士に依頼すれば、5年ビザになるとか、3年ビザが取れるという噂があるようです。これは、ある意味正解ですが、ある意味間違っています。

入国管理局では、在留期間の基準を公開しており、この基準に沿って、在留期間を決定しています。ですから、この基準を満たしていなければ、どんなに優秀な弁護士や行政書士に依頼しても、在留期間は短くなってしまいます。

ただし、この基準は非常に複雑ですので、通常の申請書類だけでは基準を満たしているかどうか判断できない場合があります。入国管理局も忙しく、いちいち、この追加書類を出してくださいとは言ってくれない場合が多いからです。こういう場合、弁護士や行政書士の実力によって、1年ビザしか出ない可能性のあった方でも、3年ビザが出るケースもあります。

おわりに

本書をお読みいただき、ありがとうございます。

私は、2009年にビザ専門の行政書士事務所を開業して以来、多くの企業、外国法人、学校法人、NPO法人等の外国人雇用のサポートをしてまいりました。そして、さまざまな国の外国人と直に接する中で、外国人雇用に関するいろいろな課題を目の当たりにしてきました。企業側からは「日本人社員とうまくやっていけるか不安」「優秀な外国人の見分け方がわからない」「就労ビザ申請って何から進めればよいの？」「外国人社員の早期退職を防ぎたい」などの相談を受けました。

また、外国人側からは「日本企業で自分の良さを出せるか不安」「日本の商習慣がわからなくて失敗した」「早く戦力になるためにどうすればよいか知りたい」などの相談がありました。中には、本当に優秀で、日本で一生懸命にがんばっているのに、さまざまな要因により、その実力を発揮できずにいる外国人もたくさんいました。

現在、社員の採用育成に関する書籍、社員の評価制度に関する書籍、就労ビザ手続きに関する有益な専門書は多数発刊されています。ですが、外国人社員の採用と育成に特化した本は少ないと感じていました。私がこれまでかかわってきた外国人雇用に関する課題、対策、経験を体系的にまとめることができれば、初めて外国人を雇用される企業にとって、また、初めて日本で働く外国人にとって、役立つものができるのではないかと考え、本書を企画しました。

本書では、具体的な事例を多く取り入れながら、外国人雇用を成功させるための求人方法、採用方法、育成方法、就労ビザ申請等について、重点的に解説いたしました。

外国人雇用に関する課題は、これからもたくさん出てくると思われます。ですが、日本には本当に優秀な外国人がたくさんいます。本書が貴社の外国人雇用の成功に役立つことができれば幸いです。そして、これからもたくさんの優秀な外国人に日本の企業で大活躍してほしいと願っております。

最後に、出版の機会をくださったプチ・レトル株式会社の皆さん、NPO法人企画のたまご屋さん、取材に協力いただいた上島透様、内木雄大様、大内卓様、丸橋直人様、田村愛様、そして、いつも誠実に働いてくれる事務所スタッフ、過去のスタッフの皆さん、設立当初からサポートしてくれている氏家なるみ先生に感謝します。皆さんの応援とサポートがなければこの本は生まれなかったと思います。本当にありがとうございます。

2018年11月　濵川 恭一

これ1冊でまるわかり!
必ず成功する外国人雇用

2018年12月21日　初版第1刷発行

著者　濵川 恭一

[制作]
編集　谷口 恵子 / 玉村 優香
表紙・ブックデザイン　藤原 夕貴
図版制作・DTP　渡鳥 右子
校正　株式会社ぷれす
印刷・製本　中央精版印刷株式会社

[発行情報]
発行人　谷口 一真
発行所　プチ・レトル株式会社
115-0044 東京都北区赤羽南2-6-6
スカイブリッジビル地下1階
TEL:03-4291-3077　FAX:03-4496-4128
Mail:book@petite-lettre.com
http://petite-lettre.com

petite lettre プチ・レトル

ISBN 978-4-907278-69-4